U0932111

信念再思叢書

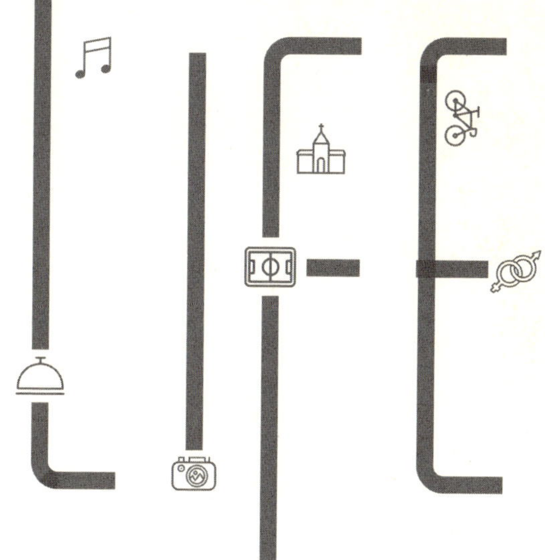

為甚麼基督徒的**吃喝玩樂**可以改變世界？

從國度觀看門徒的生活日常

The Rest of Life:
Rest, Play, Eating, Studying, Sex
from a Kingdom Perspective

韋特寧頓 著 傲賢 譯

基道出版社

▼

信念再思叢書

為甚麼基督徒的吃喝玩樂可以改變世界？

從國度觀看門徒的生活日常

The Rest of Life:

Rest, Play, Eating, Studying, Sex from a Kingdom Perspective

作者

韋特寧頓 Ben Witherington III

譯者

傲賢

責任編輯

余雪

裝幀設計

奇文雲海．設計顧問

■

出版 / 發行

基道出版社

香港沙田火炭坳背灣街 26 號富騰工業中心 1011 室

LOGOS PUBLISHERS

Unit 1011, Fo Tan Ind. Centre, 26 Au Pui Wan St., Shatin, Hong Kong

電話：(852) 2687-0331　傳真：(852) 2687-0281

網址：http://www.logos.com.hk

承印

陽光 (彩美) 印刷公司

●

4/2019 初版

Cat. No. LP946

ISBN: 978-962-457-579-8

Originally published in English under the title

The Rest of Life: Rest, Play, Eating, Studying, Sex from a Kingdom Perspective

Published 2012 by Wm. B. Eerdmans Publishing Co.

2140, Oak Industrial Drive N.E., Grand Rapids, Michigan 49505 /

P.O. Box 163, Cambridge CB3 9PU U.K.

Printed in Hong Kong

刷次	10	9	8	7	6	5	4	3	2	1
年份	2028	2027	2026	2025	2024	2023	2022	2021	2020	2019

目錄

導言

在這個短小的「國度反思研究」系列（Kingdom reflection studies）中，我們已經在《將臨的國度》（*Imminent Domain*）中討論過上帝的國本身；而在《我們曾見過祂的榮光》（*We Have Seen His Glory*）裏，我們從國度觀探討敬拜；我們又在《聖經中的財富觀》（*Jesus and Money*）[1]裏面探討了金錢與物質財富，並且在最近期的《工作：從束縛到自由》（*Work*）中，從國度觀探討工作。可是，平常的基督徒生活的其餘部分又怎樣呢？本系列所關注的，是平常基督徒生活中的平常一週內發生的事——工作、休息、玩耍、敬拜、開銷、學習、飲食、人際交往。在寫作這個系列的過程中，我突然發現：(1)對於某些人可能會稱為世俗生活的部分，只有極少人作過嚴謹的神學和倫理反思；(2)對於這些基督徒每週進行的平常活動彼此之間的相互關係，關注的人就更少了。

我們應否追求某種平衡，就是這些不同因素之間的某種平衡，例如均衡的飲食？這種平衡會否因應不同的基督徒而各異？基督徒平常的生活，應否在平常的一週內涉及所有這些因素？這類關注，我們一樣極少在討論神學和聖經倫理學的巨著中看到。哦，沒錯，我們有無盡的作品討論性關係，這是由我們這個性迷戀（sex-obsessed）的時代所促成的；可是這些著作絕大部分都不會告訴我們，在平常的基督徒生活裏，性跟其餘的社交往來應該有怎樣的關係。我們看不見全局。更糟的是，有關這個主題的討論，乃是在沒有提及終末處境（eschatological situation）——就是自從耶穌第一次來臨之後，我們身處的國度處境（kingdom situation）——的情況下進行的。

難道我們真的以為，當我們忽略上帝那持續的掌權和管治、忽略祂持續的神聖介入，還有祂在世上、為了世界所成就的救恩，及其對基督徒日常生活的影響，我們仍能言說一些關乎工作、休息、玩耍、崇拜等的歷久不衰或有意義的話？我是其中一個認為不能的人。我認為，我們經常把這些討論從更廣闊的神學和倫理背景中抽離出來，但後者正是我們最該討論的。讓我們思想一段選自哥林多前書七章的經文，以此作為導引。在29至31節，保羅談論了包括婚姻在內的平常生活：

> 弟兄們，我對你們說：時候減少了。從此以後，那有妻子的，要像沒有妻子；哀哭的，要像不哀哭；

> 快樂的，要像不快樂；置買的，要像無有所得；用世物的，要像不用世物，因為這世界的樣子將要過去了。

有時候，有人會這樣巧妙地迴避這段經文：「唉！願上帝保守保羅的心。保羅相信基督肯定會在他有生之年回來，他當然會這樣說，但憑著二千年後事後孔明之優勢，我們知道他錯了。」可是，保羅在這段經文並沒有提及任何與基督將來的降臨相關的事。他所談論的，乃是終末的改變**已經啟動**，因此這世界的「樣式」(schema)正在逝去；所以，就某方面而言，時間已經縮短了。終末的巨輪已經轉動，它們已影響到基督徒的日常生活，包括各式各樣的事物，例如生死、買賣、嫁娶。

因此，保羅呼籲我們，對於工作、休息、玩耍、飲食、敬拜、人際交往、婚姻、學習、喪事等等，都要抱持一種迥然不同的觀點。他形容這種觀點的特色是抽離(detachment)——我們應該「仿似沒有」(as if not)地生活(編按：參上引經文林前七 29～31 的「像不」、「像無」)。即使是基督徒的婚姻，他也是這樣說！在保羅看來，這些**平常**的塵世活動，幾乎沒有一樣是永恆的，連婚姻也不例外(例如在羅馬書七章 1 至 5 節，保羅提到當丈夫死了，妻子就脫離了丈夫的律法)。當上帝的國臨近，工作、休息、玩耍、學習、飲食、嫁娶仍照常發生。這些活動是我們眾多任務的一部分，又是我們在這個世代、這個世界中的這一生裏，跟別人交往聯絡的方式。可是，將來的世代（the age to come）並不是這樣的。當信心成為眼見，盼望最終實現，而愛得以長存，到那時，似乎只有敬拜和人際交往仍存，那樣，我們會做我們該做的——愛上帝和愛鄰舍。正如我在這個系列中一直強調，保羅與其他新約作者所呼籲我們的，乃是要我們的生活建基於將來，即建基於上帝的國，這國度已經來臨、正在來臨、將要來臨，要讓終末式世界觀（eschatological worldview）塑造我們，使我們知道該怎樣看待、怎樣活出基督徒生命裏一切平常的活動。

現在，我承認這是個激進的觀點。坦白說，這不是絕大多數現代基督徒所持之立場。或者實際上，他們甚至不**知道**這是他們該持守的立場。但是，我在這個系列當中堅持，我們這些活在二十一世紀初的信徒必須持守這個觀點。教會的職責，不是美化「平常生活」的現狀，並稱之為美好。我們的職責不僅僅是聖化平凡的事物。我們的任務是跟隨保羅和其他新約作者，以非凡的觀點——國度觀——看待平凡的事物。

本書是此系列倒數第二本著作，我們打算更詳細地討論一些本系列的前期作品中只約略提過的主題。我們會先從一組觀念開始，把焦點放在休息、安息日、退休、睡眠，恢復，甚至安息年假這類事情上。這樣，本書會先從「工作—休息」的其中一面開始。讓我們先工作，如此才能夠從國度觀來了解「休息」，因為正如我們的主說：「黑夜將到，就沒有人能做工了」（譯註：約九4）。

聖靈降臨節，二〇一一年

1

基督徒享有安息年假嗎？

安息日……
指的是相聚，而不是分離；
是持久，而不是短暫；
是連續，而不是中斷；
是在場，而不是缺席。

童思達（Sigve Tonstad）

這場辯論始於最早期的基督徒。保羅與猶太派基督徒（Judaizers；編按：又譯「猶太主義者」等）為著到底有多少摩西之約（Mosaic Covenant）的內容適用於基督的跟隨者，發生了種種爭論。全部信徒——即使他們是外邦人——都該接受割禮嗎？他們需要守猶太人的安息日嗎？有關食物的律法又如何？對保羅和希伯來書的作者而言，聖約及其約束是一攬子協議。正如保羅在加拉太書三至四章所言，假如你接受割禮，承擔了摩西之約的立約標記，那麼你便有責任遵守六百多條上帝透過摩西頒佈的誡命。對自己所引領的歸信者，保羅的基本意見乃是——不要這樣做。正如我們將會看見，事實上，保羅敦促基督徒不該拘泥於守猶太人的節期（月朔、安息日），就像他們也沒有責任要接受割禮。新約有一套新的規矩，但令人困惑的是，某些舊規矩被移植到新約中，但絕大多數都沒有，尤其是關於割禮、安息日、食物這些有著明確界定的規矩。

由於幾乎從教會存在的第一天開始，教會內便一直對是否守安息日有爭議，所以我們理應仔細地察看這件事。但我們要記住，有關安息日的討論，乃是隸屬於聖經中另一個更大的話題，此話題關乎休息、睡眠、恢復、禧年，以及一組相關的主題。在本章，我們將會跟一本近期重要的著作對話，該書——童思達（Sigve Tonstad）的《第七日失卻了的意義》（*The Lost Meaning of the Seventh Day*）——探討的正是這些問題。

對於主日是否基督徒的安息日這問題，有關辯論有時充滿了敵意，我沒有興趣參與。（我不認為新約將兩者等同。依據復活節，我認為主日是基督徒敬拜的合宜日子。）我感興趣的是，讓基督徒有一套合宜的休息神學（theology of rest），不管它是否牽涉到安息日。可是，我們卻必須參與一場辯論，就是：是否**所有**基督徒都該跟從基督復臨安息日會（Adventist）守安息日的做法？因為這種全球化的休息神學不單會導致紛爭，它也很諷刺地使人忽略了對休息神學作更宏大、更有意義的討論。

失卻與尋回——安息日和第七日

在那本精心撰寫、內容豐富、題為《第七日失卻了的意義》的著作當中，童思達的論點乃是，基督教界大部分人需要復興和恢復守第七日為安息日的做法。[1] 然而，他關心的不僅是損失了一天「休息日」，或是基督徒的一週之內欠缺了某個特定的禮儀模式，他關心的是神學——「假如第七日被視為一個國家或宗教的身分標記，而不是一個神學宣稱，那麼第七日的特質會受到曲解。第七日乃是上帝故事的一部分，因此我們不可能無限期地抑壓它，第七日必須重新顯現，完成上帝給它的任務，它不能永久停留在流放的階段」（頁 5；引自《第七日失卻了的意義》，後同）。童思達之所以使用這樣強烈的措辭，原因是可以理解的。他是一位熱心的基督復臨安息日會信徒，這顯然與他的個人身分息息相關。

一如所料，童思達討論了舊約中的第七日、新約裏的第七日，以及在後聖經（postbiblical）時期，因為第七日之沒落所引申的種種問題，例如基督徒和猶太人之間的離異（alienation）、基督徒跟物質世界的疏遠、基督徒不諳「守第七日為聖日」的神學深度。顯然，童思達認為守第七日為聖日這做法的沒落，是直接導致這些問題的原因之一。

童思達的理據大部分繫於他對創世記二章1至3節的解釋，當我們研讀他對這段經文的闡釋時，便會明白他的思路。他說：「上帝把第七日定為聖日，藉此把神聖臨在（divine presence）這根基植入人類時間的土壤中」（頁21）。這句話體現了這本書的修辭特點——充滿了有力的隱喻意象。就在這裏，我們開始發覺他想證明的立場有些古怪的地方。創世記二章1至3節說的是，上帝**歇了**（*shabbat*）創造。換言之，第七日乃是祂在其物質受造界**沒有**積極創造的日子。經文暗示的，更像是上帝停下來，享受祂剛完成的工作，看見祂的創造非常美好。第七日**本身**並不是**創造**的頂峯。如果有甚麼配得上頂峯這詞的話，那麼應該是創造女人，因為女人是最後受造的生物。更準確地說，第七日乃是人從容地欣賞已經完成的創造的一天。而且上帝賜福這日，又定之為聖日。「神聖的創造活動」之缺席，與「神聖的臨在」之缺席，是兩碼子事。

那麼，說上帝在第七日完成了祂的工作，到底是甚麼意思呢？這是否意味著，祂特別創造了這一天，使它有別於其餘六日？創世記的這句話一直令人百思不得其解，而事實上，這句話導致《七十士譯本》的創世記二章 1 至 3 節，被翻譯為上帝在**第六**日完成了祂的創造之工！但是，這兒所指的「工」，不可能指那一天本身，因為希伯來文說祂「**在**這日」完成了工作。這裏所說的活動，肯定是指祂賜福和定此日為聖的行動，而不是指進一步的創造行動。

雖然賜福和定聖日不是物質層面的創造工作，但仍可說是一種活動。而且，論到有關話題，耶穌說過上帝在某種意義上其實一**直都在**作工（約五 17），我們最好記住這點。停止創造，並不等於停止所有活動。最後，經文不是說：「上帝說：『要有第七日。』看哪！就有了第七日。」第七日並不是上帝的一個特殊創造。事實上，我們可以爭論說，第七日仍在持續進行，因為上帝仍然處於從那揭開序幕的創造之工停下來的狀態；再者，在創世記二章 1 至 3 節中，沒有出現這樣的句子：「有晚上，有早晨，是第七日。」

童思達否定了學術界慣常的看法——認為守安息日乃是始於出埃及記的傳統（Exodus tradition），並且應該與創世記二章有關創造的內容中的第七日分別開來。童思達傾向跟隨老一輩的猶太學者，例如卡塞圖（U. Cassuto）和沙爾納（N. Sarna），以整體的（unitive）方式解讀創世記。他認為底本假說（Documentary Hypothesis）已經無以為繼。童思達的看法乃是，安息日必須被視為一項永恒的創造法令——他的一切看法都是從創世記二章 1 至 3 節推演出來的。這個詮釋手法的最終推論，是安息日和守安息日的誡命臨到全人類；安息日不僅是上帝為祂揀選的子民以色列所定的儀式。

像童思達那樣擁有良好而活躍的神學思考、善於綜合的人，會碰上一個問題，就是往往會過度解讀（overread）文本，我的意思是指，把過量的、多於文本所擁有神學讀進文本。例如，童思達希望視第七日和上帝對第七日的賜福，不僅是對上帝美善的創造之工一個回顧式的評價，他更視之為一種對救贖的展望。他主張：「從一開始，第七日的指向便徘徊於記憶與盼望之間，在喪失樂園的現實和重得樂園的展望之間，而其指向更傾向於盼望那一邊。根據原本的安排，第七日必須同時被視為應許和記念，它預告上帝的『甚好』（very good）將得以持續，把人類的經驗轉化成盼望之旅」（頁 59）。

很不幸，這可謂畫蛇添足。創世記二章 1 至 3 節顯然是回顧，而非展望；經文本身並沒有就未來作任何應許，也沒有奠定一個守安息日的特定模式。那個模式顯然是後來才出現的，就是當有一羣叫以色列的子民守安息日的時候。這樣說，不是要否定創世記裏的第七日跟以色列人後來的敬拜模式兩者之間的關聯；後者肯定建基於前者，但兩者卻不是同一回事。第七日是上帝慶賀祂自己的創造之工的日子，而由於上帝不是自戀狂，因此該處沒有提及敬拜，甚至沒有提及受造物必須在那個時刻敬拜創造主上帝。正如童思達承認，創世記中只有一段經文涉及第七日及其神學，就是創世記二章 1 至 3 節；而且坦白說，對於後來發生的墮落事件，這段經文並沒有嘗試將安息日與墮落的補救辦法扯上關係。

眾所周知，保羅認為新約與亞伯拉罕之約（Abrahamic covenant）有關，但認定後者與摩西之約有別（加三～四章）。亦因此，有一點對童思達很重要，就是要想辦法將亞伯拉罕與守安息日、安息日的誡命扯上關係。但他所能做的很有限，因為他能引用的，不過就是聖經記載亞伯拉罕遵守了上帝的某些誡命，可是並沒有任何證據顯示他守過安息日。若有任何人主張亞伯拉罕是個守安息日的人，這完全是靠沉默論證（argument from silence），而且實際上，保羅區分亞伯拉罕之約與摩西之約的做法，已經警誡我們不該這樣閱讀亞伯拉罕的故事。

一個人的休息神學，實際上無論如何都會取決於或受制於其工作神學。假如工作被視為咒詛，那麼，休息便會被視為祝福，兩者分別被看成是對方的反面。但這個觀點整體而言有一個問題，我已經在這個國度系列中稍早出版的作品裏提過。[2] 問題可分為兩方面：（1）敬拜跟休息不一定相同，而且（2）工作不是詛咒。安息日的設立（出十六章），是嘗試叫以色列再次專注於敬拜獨一真神——在他們多年來只經歷了奴役和苦工之後。隨著自由而來的，是敬拜上帝的機會和責任，而上帝亦為他們設立了每週一次的踐行，當中包括停止其他活動，進入休息——但不可停止敬拜上帝。

童思達再三強調出埃及記十六章提及上帝記念祂向亞伯拉罕所作的應許。沒錯，上帝沒有忘卻祂的應許，可是，祂不曾應許亞伯拉罕、以撒、雅各將會有守安息這誡命，創世記中也沒有任何線索暗示他們守過安息日。上帝向他們應許過關係、家園、後裔，以及從壓迫中得著一定的自由。現在，我們從出埃及記十六章認識到，這種自由最重要的部分，便是享有繼續跟上帝培養深厚關係的自由、敬拜上帝的自由；而且出埃及記十九章 4 節提到，上帝不單解救了以色列人，更「將你們……帶來歸我」。真正的目標是一段應許的關係，多於一片應許之地。或更好的說法是，兩者皆是，但側重點放在上帝所應許的持續不斷的關係上。

仔細審視出埃及記三十一章 13 至 17 節，我們會發現安息日的模式，是上帝和以色列之間的一個記號，是上帝和以色列之間永遠的約，提醒他們，將事物——包括祂的子民——分別為聖和聖化事物的，是上帝。在這裏，經文沒有明言或暗示這是跟普遍人類所立的約，也沒有線索顯示在出埃及—西奈山事件（Exodus-Sinai events）發生之前，上帝已經跟全人類立了此約。記念上帝創造的安息日模式是一回事，但是記念某些人守早前所定的安息日法令是另一回事；出埃及記沒有要求以色列記念這樣一條早前所定的法令，而是要求他們記念上帝的創造模式，以及上帝對列祖顯出祂守約的忠誠——這又是另一回事。

墮落的人類忍受著苦難、罪惡、悲傷、疾病、衰退、死亡，他們需要的遠不止休息（rest）和恢復（restoration），他們更需要的是復活（resurrection），這能使他們免受墮落帶來的一切影響。舊有的回顧式解放模式著重一天的休息和修復，並由此更新人際關係和敬拜；而新的解放模式所注重的，**不是**一種陳舊的救贖，只單純從某些事物得著自由（freedom from），而是一種嶄新的救贖和救恩，使人得著自由進入（freedom to）某些情境。

建基於終末的敬拜不會為墮落留餘地，它也不是對墮落——即人與上帝關係的決裂——的回應。建基於終末的敬拜，是不管何時何地都出於心靈和誠實的敬拜。這敬拜，不需要一個神聖的地點（錫安山），也不需要一個神聖的日子，因為從終末的觀點來看，所有向主呈獻的日子都是神聖的。終末的敬拜所期盼的，不僅是不必再研究戰爭的日子，而且是不再有黑夜的日子。新天新地不僅是安息日模式的延續，更是上帝與人類立的新約之完成，是復活節、首次復活、耶穌的高升所應許的成全。

在新創造裏沒有聖殿，這是有原因的，因為在那兒再不區分神聖的日子、區域、地方與世俗的日子、區域、地方，這是耶穌在約翰福音四章已宣佈的事情。保羅清楚預見這一切，因他提到有人特別向主守某一天，某些人則看天天都是主的日子，他認為後者才是對的。保羅認為，我們不應再堅持要任何人守安息日，這並不是因為他已放棄了休息、恢復或敬拜，而是因為自從耶穌復活後，我們現在正期盼一個時代來臨，到那時，所有日子都是聖日。安息日的模式乃是上帝的子民在一個墮落的世界所持的模式，這樣的世界有黑夜，有休息的需要，工作永遠做不完，永不會全然完結。這個模式不是來自終末，也不適用於終末，因為在終末之際沒有黑夜，沒有休息的需要，而且從各種意義上來説，工作都完成了。

問題是，基督徒的敬拜和生活應該依照將要來臨的國度的模樣，還是該按照原本的舊創造的模式？基督徒的敬拜和生活應該關乎新的生命、在基督裏復活的生命，抑或關乎舊出身、舊創造、舊的受造本性、舊時對休息和恢復的需要？我的答案是，我們已不再活在舊創造、舊盟約的使命（mandate）底下。我們乃是活在新盟約的使命之下，所以我們要天天提醒自己：「若有人在基督裏，他就是新造的人。」守安息日的使命是為著生於世上並且跟上帝訂立摩西之約的人而設的。新的創造、新的敬拜使命，是為著那些從水與聖靈重生的人而設的，他們依據未來而活，而非依據過去。他們依據第八日的復活節早上而活，而非第七日——舊創造之工作週的結束。

在墮落之前，亞當和夏娃是否領受了誡命，要守第七日為聖日？沒有。他們惟一的誡命就是要遠離分別善惡樹。隨著創造墮落後而至的「工作中的勞苦」，是否源自工作的本質？抑或是，由於墮落令土地受到咒詛，而工作的勞苦乃是此咒詛的一部分？後者才是正確的，而且在經文的上下文中，**休息**成了墮落給工作帶來之影響的舒緩劑，而不屬於原本的創造使命。

童思達的著作有一個有趣的見解，就是認為安息日是個記號（sign），就像旗幟是個記號一樣。我會說，實際上安息日是一個符號（symbol）——符號參與它所指向的實在。安息日指向上帝歇止了祂的創造活動，因此，當以色列守安息日，他們即參與了這個創造活動的歇止。正如在美國，有人對於焚燒國旗這件事有激烈的反應；出埃及記也說，死刑是為觸犯安息日者而設的懲罰，因為安息日是神聖的。

童思達另一個有趣的見解，是關於「守安息日」與「看守、照管創造」之間的關係。安息日的律法其中一個更重要的層面，就是關懷那些最脆弱、背負重擔者的需要——負重的牲畜、奴隸、寄居的外來人（出二十 10；申五 12～15）。優先序的排列乃是從下而上，不是從上而下；它將最多的關注給予那些最需要休息的人和物（頁 126～127）。童思達稱安息年和禧年為「安息日之延伸」，它們把休息的模式延伸到債務層面、土地有歇息的需要。

以賽亞書五十六章 4 至 5 節預期有一天，那些守安息日和堅守聖約的太監和外族人，將會在上帝的殿中得一席位和永遠的名，勝過兒子和女兒的名。以賽亞的異象關乎那些選擇這樣行的人，所以它超越了一個民族的種族觀。我們擁有的，是一個認信羣體（confessing community），而不是某個族羣（ethnic group）。

以賽亞書六十六章 23 節指出，當新的創造席捲全地，當中涉及守月朔和安息日。可是，經文實際上是說，每逢月朔、安息日，凡有血氣的必到上帝面前下拜。以賽亞展開了一種終末式安息日思想體系，它不僅牽涉到以色列人，還包括每一個人。在舊約聖經中，最後談及安息日的，不是尼希米，也不是後來的舊約經卷，而是以賽亞。這個對於終局的異象——當獅子與羊羔同臥——也包括蛇的失勢，牠必吃土（賽六十五 25）。童思達雄辯滔滔地說：「這條蛇起初吃分別善惡樹上的果子，到了最後，牠吃的是塵土」（頁 157）。

如果童思達要令他的論點成立，即安息日是為不同世代的所有人而設、而不僅是專門為猶太人所立的，那麼他必須刻意忽視一些像尼希米記十三章 3 節的經文，並著意強調以賽亞書五十六至六十六章，因為尼希米把以色列人跟那些有外族血統的人分隔。但童思達不得不承認，隨後關於猶太人守安息日的歷史，更多地沿著尼希米的路線發展，而非追隨以賽亞的異象（頁 167 ~ 168）。在童思達看來，尼希米主張的手法涉及隔離和脅迫，這種手段被福音書中的法利賽人和猶太長官沿用（太十二 2；可二 24；路六 2；約五 16）。任何嘗試淡化猶太人的特性和獨特踐行的舉動，都會被視為威脅到國家和民族身分（參《馬加比一書》〔*1 Macc.*〕1.1 ~ 61, 2.42）。依照童思達的看法，法利賽人持守信仰而自覺備受脅迫。他們若察覺到他人攻擊守安息日的做法，會把它看作是攻擊猶太人獨有的生活方式，這種生活方式與外邦人無關。守安息日被視為猶太人身分的一個必要特徵。這是早期猶太人的觀點，按照他們對摩西五經的解讀，安息日是為了希伯來人而設立的，有關證據在各種早期的猶太文獻均清晰可見。例如可思考下列兩則引文：

> 拉比利未：「假如以色列合宜地守安息日，即使只是一天，大衛的子孫便會來臨。為甚麼呢？因為守安息日相當於守全部誡命。」（*Exodus Rabbah* 25.12）
>
> 拉比約哈蘭以西緬·便·杜沙伊（Simeon ben Tochai）的名義說：「假如以色列根據有關律法遵守兩次安息日，他們會即時蒙救贖」（*B.T. Shabb.* 118b）。被呼召守安息日的，是以色列人；如果他們照辦的話，他們會得到相關的好處。

正是在這種背景之下，又在面臨這種對安息日帶著排他主義色彩的對話的情況下，耶穌以極富爭議的方式加入這場討論。為甚麼要在安息日治病？甚至是一些非緊急的醫治？這些舉動是故意挑釁嗎？耶穌在重新定義何謂工作嗎？耶穌在重新定義安息日，以及歇止工作的意思嗎？而且，為甚麼在福音傳統（gospel tradition）的所有層面，都出現一些竭力反對這些醫治的聲音？在約翰福音五章，有一件事變得清晰，就是耶穌的身分在這些安息日的醫治事件中，既被揭示，亦遭隱藏。約翰福音五章 17 至 18 節記載：「我父做事直到如今，我也做事。」這句話等於聲言自己與上帝同等，即使這是從討論在安息日有何該行或不該行的事情而言。耶穌的對手實際上並不是或曰大體上並不是「猶太人」——猶太長官——而是撒旦，謊言之父（始於頁 182）。

耶穌在那天所行的一切醫治，是否觸犯了守安息日的條例？還是祂在重新恢復守安息日的原本意義和意圖？祂是否打破了法利賽人的安息日觀念，以及安息日必然包含的一切？約翰福音十九章記載的耶穌所說的「成了」，童思達視之為暗指（allusion）創世記二章 1 至 2 節提及的上帝完成創造的時候。在十字架上，藉著耶穌的死，所有錯誤已被糾正，就像在創造時，所有美善之事物已被造成。新的創造始於耶穌的死，當新的盟約訂立，祭牲被獻上，人便開始跟舊我斷絕關係（頁 200）。

童思達依照保羅的教導（加五 14）解讀耶穌的話，他主張基督已用一句話成全了律法，就是愛人如己。由於祂在十架上已成全和完成了此誡命，因此律法不再是義路，或履行一切義的途徑（編按：參《新漢語譯本》太三 15），因基督已完成了這任務。據童思達的看法，安息日是創造得著解放的特定日子（頁 214～218）。

透過將兩條最重要的誡命合而為一，耶穌實際上拒絕了任何不涉及或不容納愛鄰舍的因素在內的有關守安息日的解釋。這樣，安息日便是上帝醫治和恢復之臨在的保證。安息日是為我們設立的，而不是反過來。我們受造是為了上帝，相對之下，安息日的設立是為叫我們所有人得福。但是，若守安息日涉及逃避恢復、醫治、祝福和愛自己的鄰舍，這已完全不再是合宜地守安息日（頁 220）。

很明顯，童思達的論點要能站得住腳，真正的試金石——如果不是拖後腿的話——乃是他如何重讀和重新解釋保羅的某些話。因此，當他要討論保羅，他首先未雨綢繆，作了以下註解：「在福音書中，耶穌的信息不限對象地面向所有基督徒，故此該得到優先的考慮，而保羅的聲音則是應對指定的教會裏特定的情況，因此不會削弱福音的敍事或使之失效。將這個洞見應用到安息日的問題上，我們便理應不接受一種立場，就是認為福音書所肯定的安息日，會被保羅書信否定」（頁 227）。

很明顯，加拉太書成了童思達那種解釋的真正裁決，因此童思達必然會花上九牛二虎之力，把保羅說過的某些話化解掉。他跟隨特洛伊．馬丁（Troy Martin）的思路，認為加拉太書四章 8 至 11 節所指涉的，乃是重投異教的懷抱，而非轉向割禮和猶太教，故此經文提及的日子、月份、時節、年份，變成是保羅對異教曆法的批判（頁 231）！那麼，情況便是，在加拉太的外邦人遭到猶太派基督徒的厭棄，因此甚至準備放棄保羅所傳揚的基督教，轉投本土信仰，回歸異教和世上淺顯的學說（編按：可參《新漢語譯本》加四 3；《和合本》譯為「世俗的小學」）。

不幸地，這個論點站不住腳，鑑於保羅以寓意（allegory）的方式對照**猶太人**的兩個約——亞伯拉罕之約和摩西之約，更敦促他的讀者要驅逐那些勸誘他們的猶太派基督徒，並拒絕受割禮，要確實地擁抱新約——它繫於亞伯拉罕之約，而不是摩西之約。童思達的著作其中一個明顯的缺點，就是此書從沒有認真處理新約聖經裏的新約神學（theology of new covenant），而新的聖約不僅是對舊的聖約的更新。在加拉太書二章的情況更是如此，在那裏，保羅責備彼得這位猶太基督徒同道，因為彼得轉而遵守猶太教的飲食規矩，不與加拉太的外邦人一起進餐。在保羅心目中，接受割禮即意味著要遵守全部摩西誡命，包括守安息日，保羅對此絕不退讓。

那麼，童思達採取甚麼策略，把閱讀保羅的正常方法邊緣化？路易斯．馬丁（Louis Martyn）以閱讀天啟作品的方式解讀保羅的加拉太書，這一點提醒我們，對於保羅而言，最重要的是故事、敍事，而非許多教義和誡命；它也提醒讀者，說到底，加拉太書絕大部分都是爭論和誇張的修辭。童思達按照海斯（Richard Hays）對基督的信實（*pistis Christou*）的解釋，認為加拉太書的重點，乃是上帝透過差派耶穌到來，把世界撥亂反正；故此，跟律法並列的是基督的信實，而前者無力使墮落的世界重入正軌。

請思考下列引自童思達著作的內容：「保羅避免排外，但沒有揚棄獨特性；他譴責歧視，但不否認差別」（頁 243）。「加拉太書或許能告訴我們，保羅面對他的敵手的行為時，對安息日抱甚麼意見，然而它並不因此就代表保羅對安息日的立場，它甚至不是展開這方面探討的最好的地方」（頁

247）。保羅沒有否定守安息日，但他「削弱猶太教的種族中心之特性及其排斥異己的羣體特徵」。第七日被視為上帝向所有人作出的承諾——是上帝為全人類發出的聲明，不是猶太人的專利（頁 248）。

童思達沿用斯坦頓（Graham Stanton）的見解總結説，加拉太書提到的「基督的律法」（the law of Christ），是指基督的生命和基督的教導所立的榜樣，而基督的教導包含經基督重新定義的摩西律法——這定義建基於愛的命令，並以「各人的重擔互相擔當」為其精髓，而且基督透過祂自我犧牲的愛，特別是在十字架上，已成全了此律法（頁 250）。問題是，童思達對保羅的分析有某些方面是正確的，但卻在安息日和聖約的關鍵問題上出了錯。

如果在力求令安息日切合基督教的道路上，加拉太書是個主要障礙的話，歌羅西書二章 16 節便似一堵磚牆，阻止了這樣的做法。因此，童思達必須以下列其中一個特殊的方式來解釋這段經文：（1）經文並非指第七日的安息日，或（2）經文的確是指安息日，但卻很奇妙地（*mirabile dictu*），保羅肯定歌羅西信徒守安息日的做法，而不是譴責他們，或（3）這裏的 *sabbata* 所指的安息日，已經失去了猶人色彩（頁 259）。其中一個解經的嘗試是，由於這句話裏的「節日、月朔、安息日」可能暗指何西阿書二章 11 節，因此該段經文中的安息日並不是每週一次的安息日，而是指禮儀曆（liturgical calendar；利十六 31）中每年一度的節期性安息日（頁 262）。

童思達（再次）跟隨特洛伊．馬丁的思路，認為這段關鍵經文的意思乃是「不要介意任何人對你守節日、月朔、安息日的評斷，只需確保你這樣做的時候，你藉著這些踐行、在這些踐行之中，辨識基督的身體」（頁 264～265）。如此，保羅便是再次向歌羅西信徒保證，這些踐行是好事，而且保羅亦保護他們免受犬儒學派（Cynic）對猶太宗教踐行的駁斥。這種觀點的問題是，當我們碰到「敬拜天使」（the worship of angels）這類短語時，保羅**自己**對歌羅西信徒作出的**批評**之背景和內容，肯定跟猶太教的誘惑（allure）有關，當中包括猶太敬拜踐行的各種形式。

有一件事童思達覺得難以置信，就是保羅一方面把異教哲學和宗教相連，另一方面卻把摩西宗教（Mosaic religion）置於世上淺顯的學說（*stoicheia*）之列。保羅是否兩面作戰？事實上，答案正是這樣，*stoicheia* 意指基礎教導（elementary teachings），是身為基督徒的我們應該知曉並**超越**的。童思達按照阿諾德（Clint Arnold）的解釋，主張保羅正在批評某種混合的宗教，當中牽涉到一些猶太教的元素、一些異教的元素。即便如此，保羅還是選擇了猶太教的元素為批評對象，包括廣義而言的猶太宗教曆——月朔和安息日亦包括在內（頁 267）。

童思達感到有一件事很不可思議，就是記念創造主和救贖主的日子分屬兩個不同的日子——一天是創造的記號，另一天是救贖的記號（頁 274）。真是不可思議——除非上帝的身分曾出現改變，特別是在歌羅西書，救贖主基督亦被描繪為創造者。如果「恢復」宣揚了上帝的信實——祂信守最初的應許——那麼根據童思達的見解，我們可以預期安息日在新的創造裏將被重新肯定。「整體而言，歌羅西書中的安息日並非直接源自舊約，或出自一個單純的猶太派基督徒敵手」（頁 274）。這樣說，完全漠視此處用上了具智慧特質（sapiential character）的語言，在當中，智慧（Wisdom）跟耶和華一起參與宇宙的創造，而非以耶和華的身分創造。創造主和救贖主不是**同一位格**；聖子與聖父是不同的位格，雖然祂與聖父共享一切豐盛（*pleroma*），即神聖的本質（essence）或實體（substance）。

新約中最後一次明確提到安息日，是在希伯來書；該書的主題是，仍然有一安息日的安息為上帝的子民存留（來四 9）。童思達認為，那仍存留的安息日，是指基督徒現在已能享受到和慶祝的安息日——即使希伯來書作者心目中的「休息」仍未完全實現，事實上仍有待基督再來的成全。童思達這部分論點最古怪的地方，就是他完全不提作者訓誡的對象，很可能是受試誘回歸猶太教的猶太基督徒。在希伯來書，作者沒有提到舊事物逐漸作廢，也沒有高舉摩西之約與隨之開始的安息日規例。對童思達而言，安息日宣揚上帝的信實、上帝的可靠。

童思達好不容易闡釋了聖經贊成所有人都要守安息日，接著他仍面對一個艱巨的任務，為此他花了好幾章來處理：

那麼，教會怎會為了主日而放棄安息日，或以前者取代後者，又或把後者納入前者？如果上帝期望一切受造之物，不論大小都要永久守安息日，又怎會出現這種情況（始於頁298）？

儘管有零星證據顯示，有些基督徒仍繼續守安息日到四世紀——也許主要是伊便尼派信徒（Ebionites），以及在一些區域如敍利亞、埃塞俄比亞、埃及，但童思達承認，從公元二世紀中期開始，趨勢是一面倒地偏向在星期日敬拜，而非守安息日（頁301）。童思達指出，二世紀的神學家沒有爭辯應否守安息日；這種踐行只是被遺忘，此外也沒有人可以明確指出，從何時開始，信徒在星期日敬拜。事實上，我們**可以**指出：新約提到了主日敬拜，這也得到二世紀初的神學家的重申。

殉道者游斯丁（Justin Martyr）說得很清楚：我們在星期日敬拜，因為這天不單是上帝開始創造世界的日子，更是耶穌從死裏復活的日子（*First Apology* 67）。而安提阿的伊格那丟（Ignatius of Antioch）向馬內夏信徒（Magnesians）發出的宣告更清楚、更早期：「那些在古老的律例下成長的人，獲得了新的盼望，他們不再守安息日，而是守主日，在這天，祂和祂的死使我們重生」（*Mag.* 9:1）。童思達把這個情況，歸因於猶太人對教會的影響日漸式微，同時反猶主義（anti-Semitism）也升溫。他認為，基督徒與猶太人分道揚鑣，結果導致主日與安息日分裂。

童思達甚至主張，守星期日的做法乃是基督徒習自密特拉教（Mithraism）或無敵太陽神教派（Sol Invictus）（頁308～314）。庫爾曼（Oscar Cullmann）曾聲稱星期日是基督教特有的節日，童思達對此說直接否定，但卻沒有提出任何證據（頁309）。他跟隨莫特曼（Jürgen Moltmann）的說法，認為守星期日的廣泛流傳，源自君士坦丁（Constantine）在公元三一二年三月三日所頒佈的法令，當時君士坦丁強迫所有法官、市民、各行各業的人，都要在可敬的太陽之日休息。此說可謂是「基督復臨安息日會」的狡辯，因為我們不單有伊格那丢和游斯丁的證據，而且從異教作家皮里紐（Pliny）的作品（他指出基督徒在每週第一天的黎明時分向基督歌唱，就像向一位神明歌頌似的），我們看到遠在君士坦丁之前，在亞洲的省份，如庇推尼（Bythinia）、敍利亞和其他地區，基督徒已在星期日敬拜上帝。

實際的情況可能是，當時經過保羅和其他人的宣教活動，有大批外邦人成為了基督徒——這些外邦人不曾跟猶太會堂有過任何聯絡——於是，與守安息日完全無關的基督徒敬拜出現了，而保羅和他的同工並沒有對此作出批評，惟有從耶路撒冷來的猶太派基督徒表示不滿。我們完全找不到任何證據顯示以弗所、哥林多或腓立比的信眾——混合了猶太人和外邦人——繼續守安息日，以此作為他們的基督徒踐行的一部分，雖然無庸置疑，不同的猶太派基督徒，以及深受猶太教吸引卻未完全加入猶太教的「敬虔人」（God-fearers）可能會繼續上猶太會堂。

童思達在《第七日失卻了的意義》十七章中提出，反猶太教主義一定是導致守安息日的踐行在基督徒中式微的其中一個主因，另一個因素便是希臘化，特別是柏拉圖主義（Platonism）對物質世界和人類身體之貶低，視後者為不朽靈魂的牢房等等（始於頁 316）。初代教會吸收和採取了一種柏拉圖式世界觀，沒有察覺到此立場跟許多聖經教義不能融合，因為後者視創造、物質、身體、復活都是美好的事物。經柏拉圖主義修訂的福音，承諾信徒會逃出受造界，進入一個脫離肉體的天堂（disembodied heaven），而不是一個轉化了的受造界。

基於同樣的理由，我們很難解釋為甚麼散居（Diaspora）並已高度希臘化的猶太人仍繼續守安息日，繼續肯定身體、肉身的生活，甚至在公元七十年之後，復活的教義（doctrine of resurrection）依然是一種試金石。**我們認為答案是，安息日神學跟創造神學並不是同一回事，雖然前者繫於後者，並且在一定程度上建基於後者。一個擁有一套完善健全的安息日神學的人，他的創造神學卻可以同時充滿缺點；又或者有人擁有一套健全的創造神學，當中完全不含任何安息日神學——因為創世記整體上並沒有怎麼肯定守安息日這使命，而創世記二章 1 至 3 節也沒有說，上帝指示祂所造的人類要這樣行。**

如果一種神學看不見身體有不朽之德性（immortal

virtue），這樣的神學可能會合理化其對身體的忽視或誣衊。而童思達認為，中世紀的柏拉圖式基督教促使及助長了類似黑死病的事件發生，因為醫學研究並未被視為生活中不可或缺或非常重要的元素，而研究人體會被視為一種褻瀆（頁332～338）。「中世紀對身體和大地的看法使社會停滯不前，因為它根本不鼓勵人們改善此生的命運」（頁336）。

童思達舉出一個實例，說明守安息日具有保育生態的效能。「對創造疏於照料、無休止地片面反對守安息日是基督教界的常態」（頁395）。事實上，基督徒經常是受造界最惡劣的侵略者、最差勁的剝削者。自然界除了滿足人類的需要和奇想之外，再沒有其他用途——這種觀念並不是出於聖經。但在這裏，童思達的論點有一個問題，就是他沿終末論的方向走得還不夠遠。大地不僅在呼喊「讓我歇息」，它更在呼喊「我們需要徹底的變革、復甦、新的創造」，但安息日與此無關；安息日跟復活無關，而是關於停止創造的活動。請看羅馬書八章19節——「受造之物切望等候上帝的眾子顯出來」，這是說，受造之物在等待我們的復活和它自己的復活。受造之物不是在等待一個安息日的休息，它在等待復活。在童思達整本書裏面，其中一個最奇怪的地方，就是他對羅馬書八章所作的討論，竟完全沒有提到復活（頁396～398）。導致這個結果的部分原因，是他錯誤解讀了此段經文的以賽亞書背景。他把以賽亞書六十六章22至23節理解為我們將會在新的創造裏守月朔和安息日。可是，該段經文實際上是指出，我們在新的創造中，將會按照禮儀曆法敬拜。例如，請注意啟示錄十五章3節引用這段經文時，是怎樣刻意省略安息日和月朔。這是由於作者已曉得**另外**有一個敬拜的日子——見啟示錄一章——就是「主日」。

也許，問題部分來自對復活本身的誤解。童思達似乎認為，復活牽涉到從無中創造（creation *ex nihilo*）——即使保羅提到復活涉及轉化活著的人，而且那些遺骸仍存的死者，他們也會復活（始於頁412）。童思達很強調此改變「在瞬間發生」的特質，這點與科學的觀點不一致，因為科學把改變視作漫長的進程。值得留意的是，人們在類比舊創造與新創造時，有可能在多方面出現言過其實的情況。此外，童思達看來似乎也是一位唯物主義者（materialist），我用這個術語的意思，是指他似乎認為死亡即消亡（extinction）——儘管有些經文像哥林多後書五章談及離開身體，與主同在。

人們極欲把責任推給君士坦丁及其遺留下來的傳統，因此童思達亦不得不承認，君士坦丁之後的教會歷史大致上並沒有支持童思達本人的見解。公元三六〇年，老底嘉大公會議（Council of Laodicea）立法禁止守安息日和其他猶太風俗。而一五六六年的天特會議（Council of Trent）則說，上帝的教會憑著她的智慧決定，對安息日的慶祝應該轉移到星期日。該撒利亞主教優西比烏（Eusebius）在公元三三九年去世前不久註解詩篇九十二篇時（在《七十士譯本》是九十一篇）說：「所有關於安息日的規定，我們都已經轉移給主日，因為主日是最重要的日子，是佔主導地位的日子，是首要的，比猶太人的安息日更有價值。」[3] 天特會議只簡單地指出，除了安息日，十誡的其餘誡命都要強調，因為它們是自然律（natural law）。安息日沒有被視為固定的事物，而是可更改的，視乎情況而定。因此，安息日應被視為禮儀法（ceremonial law）。阿奎那（Thomas Aquinas）相信，設定一天作休息之用，確實屬於自然律，但特別指定某個日子的話，就不屬於自然律。加爾文（John Calvin）稱安息日乃是「對一個沒有時間限制的（timeless）原則，作一個有時間限制的（time-bound）應用」。上述主要的反對理由，似乎是不應隨意指定某一日作休息之用，而對於加爾文和路德（Martin Luther）而言，他們醉心於上帝有隨己意行之主權和權力的觀念。但童思達反駁，指定日子的舉動並不隨意，而是上帝對祂的創造和受造物的愛和信實——這才是安息日出現的原因（頁 426 ～ 440）。

當他開始攻擊君士坦丁，童思達的辯詞表現得最具爭議性：「這位君王靠御令來統治，而不是勸說；他靠命令管治，而非同意；他依仗的是武力，而不是共識或普遍的稱許。君王與臣民之間的關係，是主僕的關係，前者發號施令，後者順從。這個王室的管治體系沒有內置的問責機制，剩下的只有暴亂和行刺」（頁 446）。君士坦丁曾說：「我肩負的君王職責和實施的政策，除了消除謬誤和約束輕率鹵莽的言行，好叫所有人向全能上帝獻上真實的敬虔、誠懇的和諧、上帝當得的敬拜之外，還有甚麼比這更重要的？」（頁 448）。接著，教會採取了羅馬帝國的權力架構，那時羅馬帝國正忙於將基督教變成官方宗教，並把它強加到所有人身上，因此架構中甚至出現了 *pontifex maximus* 這稱謂（編按：即古羅馬宗教中的大祭司長，後用來指羅馬皇帝，及後又指稱基督教的主教羅馬教宗）。童思達最關心的，是這場神學和帝國之間的結合（上帝開始被描繪成終極霸主和終極君王，人類的君王只是效法祂而已）產生了甚麼影響。教會把一些專屬凱撒的特性亦歸給上帝（始於頁 450）。很快地，他的論戰明顯不僅針對君士坦丁，也針對教會，就是得到君士坦丁的幫助，從被迫害的暗處和地下組織走出來，晉身希羅世界主流的教會。在這裏，我們需要利夫亞特（Peter Leithart）出色的近作《為君士坦丁辯解》（*Defending Constantine*）[4] 幫助我們糾正童思達這部分研究中一些錯誤的陳述和言過其實的論說。

當話題涉及安息日，童思達的熱情和辯才毋庸置疑：「安息日帶給我們的信息是相聚，而不是分離；是持久，而不是短暫；是上帝的臨在，而不是上帝的缺席；是自由，而不是屈服；是連續，而不是中斷；是整全，而不是破碎；是以他者為中心，而不是恣意專橫；是神聖的敍事（narrative），而不是神聖的命令（imperative）」（頁 515）。可是，優秀的修辭技巧不一定源自優秀的釋經，也不一定源自經優秀的釋經所得的優秀分析，最終，新約聖經自身證明了童思達的主張——基督徒有必要守安息日——是錯的。

在這部令人振奮的《第七日失卻了的意義》一開始，童思達訴說了一則個人的故事。這個故事提到他成長於挪威，並且每週的其中一天——就是安息日——是如何因為飲食和團契生活而變得很特別，不然那就不過是艱苦的一週。這個故事揭示了許多事情，在某方面，它讓我想起《大國民》(*Citizen Kane*)的開頭部分和「玫瑰花蕾」(rosebud)的故事。童思達的故事很清晰地說明了在這本出色的書中，為甚麼他會那麼積極、努力，花那麼多篇幅捍衛安息日。這是因為他不想放棄一些自他童年時代開始，對他如此珍貴、如此重要、如此貴重、如此意義重大的事物。童思達這樣忠於一個聖經原則(biblical principle)，是值得讚揚的，因為在今天，如斯忠誠實在是太罕見了。可是，美好的事物(安息日是美好的)有可能妨礙我們看見和擁抱最好的事物，就是「至善」(*summum bonum*)，這正是這本全面捍衛安息日的作品中所出現的情況。

根據新約神學，令第七日黯然失色的，是**第八日**和對此日的記念。上帝在那一天(星期日)開始首個創造，亦在那天再次開始創造。祂在耶穌的復活裏開始了新的創造。而上帝的子民所需要的，遠不止於休息，甚或恢復，而是復活，因為當一個人從死裏復活，此人才最終擺脫了陳舊、墮落、必死的肉身之疲態和需要，並且不必再研習安息日。

因此，當我們仍活在這個流淚谷之中，我們將繼續需要休息，但我們所需的比這更多，而且是好得多的事情——復活。基督徒是復活節的子民(Easter people)——這羣子民被呼召進入、邁向我們自己的復活——這身分乃是建基於耶穌的復活。基督徒的敬拜踐行，不該本於摩西律法規定的安息日踐行，甚至不是舊創造的第七日踐行，而是新創造的踐行，這標誌著上帝和祂的子民前往之處，而不僅僅指出他們曾經在哪裏。

在那既濟未濟（already and not-yet）的國度，慶祝主日是基督徒進入未來的方法，此未來終有一天會來臨，那時世上的國度將會成為我們的主的國度。慶祝主日，是我們肯定未來就像上帝所應許的那樣光明的方法。舊創造中的休息固然美好，但卻只是預嘗神聖的榮耀；就像麥基洗德那樣，安息日預期一些更偉大的事物將要來臨。而主日是耶穌在公元三十年四月的某個清晨，安置在地上的一面旗幟。基督徒該揮舞的是這面旗幟，並要歡呼，從現在直到永遠，因為這是我們自己的未來的徽號——「我們必要像祂」，在我們的肉體之中亦然。安息日的特性沒有轉移給主日，而是被主日超越了。

持續激辯——「息」可而止？

本章已很清楚地指出，守安息日與承認有休息的需要，並非同一回事。實際上，如果我們研讀過希伯來書三至四章，我們會發覺，就連聖經作者也把 *katapausis* 和 *sabbatismos* 區分開來。根據希伯來書，有一休息為我們所有人預備，它跟上帝的休息有關。在本章接下來的第二部分，我們將討論世俗的休息和出自終末觀的休息，還會強調我們對後者的討論，該成為準則，指導我們如何看待、處理、實施前者。

我沒有必要強調所有人都需要休息，實際上我們每一天都需要。「必要的休息」和「純粹的閒懶」是有分別的。我們全都對智慧文學中的一類典型人物懶惰人很熟悉。其中一段有關這類人物的性格描寫如下：「懶惰人哪，你要睡（sleep）到幾時呢？你何時睡醒呢？再睡片時，打盹片時，抱著手躺臥（rest）片時，你的貧窮就必如強盜速來，你的缺乏彷彿拿兵器的人來到」（箴六 9～11）。這段經文有趣的地方，乃是區分了睡與臥（休息），我們亦該如此區分。說人類需要休息，不等於說他們需要睡眠。兩句話都是對的，睡覺大概是最深層的休息形式。因此，讓我們修訂本段的第一句話——我們不僅需要休息，也需要睡眠。

不久前，我讀過一份相當驚人的報告，是關於那些工作涉及大量心智活動的人——我是指思想家、作家、哲學家、深思問題的人等等。我是說那些像我這樣的人。這項研究的驚人之處，是指出那些大腦工作量使用的卡路里佔百分之四十或更多者，他們需要的休息和睡眠時間，可能更多於那些從事體力勞動的人——木匠、石匠、庭園設計師等等。我相信這一點。我有兩個好朋友都是新約學者，他們都在五十多歲時患上慢性腦疲勞。其中一個提早退休，另一個必須削減工作量——雖然他只是研究教授。他們沒法閱讀，不管時間長短；面對細節或複雜的事情，他們也無法集中注意力。這確是令人非常沮喪。從他們的經歷，我學到的是，睡眠是一回事，休息又是另一回事，兩者我們都需要。我們不能只工作，即使我們正在做一些非常喜愛的事情。這樣生活是行不通的。正常的生命週期所需的，不單有工作和睡眠，還有休息。

從創世記一至二章對上帝的描述，我們應該能夠領略到這一點。上帝從不睡覺，但上帝的確停止過祂的創造活動。在某種意義上，祂的確休息了，並且希伯來書的作者告訴我們，我們有機會參與上帝的休息。我們稍後將會詳談這個問題，但讓我們首先討論聖經對於睡眠本身有甚麼教導——字面意義上或隱喻上的，好叫我們對睡眠和休息之間，作出更明顯、清晰的區別。

在聖經中，睡眠第一次出現，是在亞當的故事裏面。創世記二章21節告訴我們，上帝令亞當沉睡，目的是為了做一個不簡單的外科手術——從他的一條肋骨造出夏娃。詩篇一二七篇2節可作為一個對照：「你們清晨早起，夜晚安歇，吃勞碌得來的飯，本是枉然；惟有耶和華所親愛的，必叫他安然睡覺。」睡眠也許是很自然的事，但它也是從上帝而來的一份禮物。我有一位同事有睡眠窒息症，這令他難以入睡。站在另一極端的是約翰．衛斯理（John Wesley），他提到循道宗復興的關鍵之一，乃是當他赴下一個聚會時，他不僅能在馬車上睡覺，而且晚上他能召喚睡眠來臨，它亦隨傳隨到。但願如此。我的建議是，由於（1）生命中的一切都是從上帝而來的禮物，（2）這包括看似很自然、日常的東西，以及看似偶然和不尋常的事物，因此我們應該把休息和睡覺看作是從上帝而來的禮物，不要只假設它們是我們太累了，不能繼續工作、學習、吃喝、玩耍或有意識地進行一眾其他活動時，發生在我們身上的事。

要弄清楚自己的個人極限，按你自己的需要計算要休息多久和睡多久，這不是可一概而論的事情。是的，大多數人一天需要的睡眠大約是七個小時。但是，這個指標是會變的。病患、受傷或手術後正在療傷的人，需要更多休息，好使身體能專注於復原，而不是其他功能。而我們亦需考慮到年事漸長的因素。年紀愈大愈需要休息，因為身體日漸衰殘耗損。與其單單從世俗的角度看年老，我認為我們不僅要知道生命是一份禮物，還要考慮到我們的身體是「聖靈的殿」，是聖者居住的地方。我們有一份天生的義務，要照顧我們這必死的身軀，明智地使用它，好叫我們可以成為上帝的好僕人。要完成所有清醒時要完成的任務——特別是牧職——休息和睡眠是不可少的。

我知道不停處理一個又一個危機的牧者會面臨甚麼。我們稱之為枯竭。老一輩的循道宗信徒習慣在週年大會問這個問題：「有哪個傳道人感到筋疲力竭？」意思是，有誰不能再盡己所能，以循道宗的騎馬巡迴佈道者（circuit rider）的身分四處傳道？不管是巡迴佈道者抑或駐堂牧師，良好的健康和得到充分休息的身體，乃是為主盡己所能的關鍵條件。根據希伯來書的作者所言，新約討論休息的有趣之處，乃是我們會在將來的生命（the life to come）經歷到上帝的休息。有人可能會預期，在將來的生命我們不需要休息。但就上帝要我們經歷完全的健康、整全、聖潔而言，我們並非不需要休息。不錯，在來世的生命，我們將會放下我們的重擔，並經歷到這種意義上的休息。但我們必須更仔細地思想，希伯來書的作者對於休息究竟有甚麼教導。

希伯來書的作者所談論的，不是指放假一天，或睡覺，或守安息日。他所說的是進入**上帝的休息**（God's rest）；根據希伯來書四章3節，要做到這一點，關鍵是信靠。從未進入過應許之地的摩西，沒有引領上帝的子民進入**上帝的**休息——**即使**他已經引領他們守安息日；就連約書亞也沒有，雖然他的確進入了應許之地，但卻未曾令上帝的子民得享休息（實際上，他為以色列人帶來了戰爭）。對於基督徒而言，問題不僅關乎我怎樣獲得更好的休息，而是，我能否進入上帝的休息？可是，到底希伯來書四章3至11節說的是甚麼？作者是否在說主懷安息，即在死後進入上帝的休息和天堂？又或者，他在談論終末的事情？讓我們停下來，從神學的角度反思這段希伯來書的經文就休息的主題，告訴了我們甚麼。

首先，我們該如何理解希伯來書四章3節？這節經文肯定有一個現在時態（present-tense）動詞：「但我們這些信了的人正進入安息。」（For we who have believed enter into rest；中譯參《新漢語譯本》）布魯斯（F. F. Bruce）想視之為「廣泛化現在時態」（generalizing present）：「進入的那安息，是為我們這些已經相信的人而設的。」（Entry into that rest is for us who have believed.）[5] 如此，這裏所說的安息，純粹是未來的事，大概等於天上的安歇之所，在適當的時候會降臨地上。該處引用的詩篇清楚指出，這裏首要是說上帝的休息；而且自從上帝歇止了祂的創造之工，祂實際上一直都享受著這樣的休息。在《七十士譯本》中，詩篇九十五篇用的詞是 *katapausis*，該詞還出現在希伯來書三章 11 節、18 節，四章 1 節、3 節（出現兩次）、5 節，還有 10 至 11 節；此動詞的同源詞（cognate）在四章 4 節、10 節兩次以不及物動詞（intransitive）的形式出現，在四章 8 節則以及物動詞（transitive）的形式出現。由於希伯來書的作者並沒有明確說明他使用該詞時有何含義，我們必須假設他的聽眾已明白這詞的意思。

在《七十士譯本》和新約裏，更常用來表達「休息」（rest）的詞是 *anapausis*；因此希伯來書的作者特別引用了詩篇九十五篇的術語，亦同時引用了創世記二章 2 節，後者我們在《七十士譯本》也找到同一個詞的動詞形式 *katapaueo*。在《七十士譯本》，*katapausis* 可以指休息的狀態或休息的地方——共有六次以後者的意思出現，有四次則是前者的意思；在詩篇九十五篇 11 節，任何一個意思都有可能。在詩篇九十五篇中，如果說它是指休息的地方，那是因為敬拜者受到邀請進入聖殿（即在地的休息之處，或上帝的聖所）。再者，在曠野飄流的一代面臨的懲罰，也關乎能否進入應許之地——一個休息的地方。關鍵是，土地和聖殿都是休息的地方，都可以用 *katapausis* 來形容。

很明顯，該詞基本的意思必定是指一個地方：在詩篇九十五篇，除了進入上帝的休息，惟一的選擇就是倒斃在曠野。在申命記十二章 9 節，我們也看見那地是休息之所。但此時我們必須跳出舊約的範圍。我們知道，按猶太人的間約闡述（intertestamental exposition），詩篇九十五篇關乎終末時的休息之所，以至於有些拉比稱新耶路撒冷為上帝的休息之所。此外，在猶太人的間約文學（intertestamental literature）中，詩篇九十五篇 11 節也被用來指蒙揀選者在終末時的休息之所，是死亡時進入的一個屬天領域（參《約瑟與亞西納書》〔*Joseph and Asenath*〕7～9）。希伯來書的作者肯定熟悉這個觀點，他也很可能在說一個終末的休息之所，也關乎一個屬天領域（始於來十一 14），或關乎一個屬天的城（來十一 10），又或關乎屬天的聖所（始於來六 19）。在這篇講道的稍後部分，這個觀念也許可以得到確認，就是當作者強調，屬天的聖所乃是上帝現在安歇的地方，有一些聖徒也在那裏，而基督是那裏的大祭司。

可是，這種休息是上帝在創造之時已進入了的。事實上，迦南地只不過是上帝真正的休息的一種預表，就像聖殿也只是一種預表。如果我們把詩篇九十五篇與創世記二章 2 節並列對照，創造與救贖的整個目的就會呈現。這樣會顯出上帝的休息才是創造故事的高潮，而不是人類的受造。更重要的是，希伯來書的作者在四章 9 節用的是 *sabbatismos*。在《七十士譯本》，動詞 *sabbatidzo* 的意思是「守安息日」；名詞的字面意思就是守安息日這回事。因此，當作者在 9 節提到仍有一個安息日，說「另有一安息日的安息」，他大概是指早前已提過的同一回事，雖然我們可以把它譯為「另有一個安息日的慶典為上帝的子民存留」。

那麼，休息日也只不過是另一個上帝的終極休息在地上的預表，它所意味著的，與其說是沒有活動——雖然與此相關——不如說是喜樂的臨在，有完滿和成全之感（這一點，我們可跟完全這一觀念對比）。四章 11 節也清楚顯出，希伯來書的作者認為這樣的休息是一個未來的處境／事件，對基督徒亦然，因為他們仍需奮力進入這樣的休息，而且不信（*apistia*）和不順服（*apatheia*）可能會使他們喪失資格。即使此休息現在只完全存於天上（fully in heaven），但作者在其他地方提到（來十二 22），我們已經到達天上的耶路撒冷（heavenly Jerusalem）。我們應該緊記，希伯來書十一章給信心下的定義，乃是現在對未來之真實（future truth）的確信或把握——雖然此真實現在存於天上，但將來終有一天會更全然地臨在地上。因此，作者很可能想透過「今天」這詞傳達一個觀念：他的聽眾已預嘗到此休息，正如他們在某程度上已體現了救恩的好處，因為他們已經在基督裏有分。簡言之，可能這兒所說的休息就像救恩一樣，既濟／未濟（already / not yet）。四章 8 節提醒我們，即使約書亞進入了應許之地，實際上他並沒有給以色列人帶來休息，因為後來此應許在詩篇九十五篇被重新提出。

安德魯．林肯（Andrew Lincoln）總結說，我們應該效法上帝，停止我們的（死）行為，並信靠應許（參來六1，九14）。[6]死行為（dead works）就是那些無助於我們的救恩，但我們可能會以為它們有幫助的行為。希伯來書的作者其實並沒有如保羅那樣談論到行為的義（works righteousness），而因信稱義在希伯來書並非重要的話題。作者關注的是沒有意義的行為，而不是行為的義。

也許猶太基督徒聽眾假設，透過某些特定的猶太人守安息日的方式，他們有更大的機會進入上帝的休息。希伯來書的作者似乎否定這一點。我們必須牢記，就我們所知道的而言，教會很早便開始為基督守一個新的特別日子——慶祝復活的主日（見啟一10）。因此，希伯來書的作者不太可能會說，即使是猶太基督徒，今天藉著守安息日便能得享休息。他想說的更可能是，透過信靠基督而活，並停止一切死行為，他的聽眾在此時此地便能得享休息。他們要像上帝那樣，歇止那些不必再承擔的工作。他們要嘗到他們在基督裏的休息，就是他們在祂裏面擁有的平安。藉著救贖，他們得以預嘗上帝最終的休息（the final rest of God）——脫離罪和死亡的恐懼等等的休息。重點乃是，救恩臨到多少，他們就預嘗到這休息多少。可是，此休息只在將來才能達至完全——當他們死亡時進入屬天之城的時候，或終末全然來臨的時候。作者在這裏向猶太基督徒聽眾堅稱的休息，跟外邦信徒享有的休息，並沒有分別。

當我們開始像希伯來書的作者那樣思考「休息」，我們會開始意識到有平常的休息（rest），也有神學意義上的「休息」（Rest），後者應該規範我們如何思考前者。我這樣說的意思乃是，當一個人的生命擁有來自基督活活之臨在的平安，那人便不再為救恩的問題擔心（並因此得著自由，不再思索需要這樣做或那樣做去保證自己得著救恩），或憂慮自己最終的命運，又或為自己的生命重要與否感到焦慮。這種在思想、情緒、靈性上的休息，不是來自守安息日，而是來自與基督建立的關係。此外，那得著休息的人，已在基督裏省卻了持守摩西禮儀律法的需要，例如守安息日。

我們需要平常的休息——希望每天都能享受到——提醒我們，我們只是凡人，是脆弱的人，尚未得著復活的身體。事實上，我們生活的景況，正如保羅所描述的「外體……毀壞」。我們的年紀愈大，便愈容易感到疲倦，需要更多休息。但這樣的景況正好每天提醒我們，我們正準備領受更美好的休息，那是更大的休息，實際上是上帝的休息。平常的休息使我們想起那不凡的休息——我們現在只能預嘗，但將來國度全然來臨的時候，便會充充足足地領受到。

有一點很有趣，就是當我們死了之後，我們的身體不再需要世俗意義上的休息。所以我們在基督徒的墓碑上寫著R.I.P.（安息），是有點諷刺的。基督徒不是躺下去做些好夢，他們乃是進入上帝永活的臨在，變得更加有生命力，並永遠如此。聖徒在來生（afterlife）也不會打瞌睡。我們將很快會看見，新約中並沒有「魂睡說」（soul sleep）這教義（例如參啟示錄六章，那裏提到當聖徒在天上的祭壇底下，他們是清醒的，並迫切期望事情往下一階段發展）。此刻身體的休息，預告一個將來不再需要休息的復活身體，而非預告在天上的休息——假如我們是指肉身上的休息。不錯，在天上顯然沒有一個待辦事項清單。但我們也不是在來生閒遊無事地度日。我們會敬拜上帝，享受祂的同在，直到永遠。

聖經對於與休息相異的睡覺有甚麼教導？讓我們從新約中「睡眠」一詞的神學意涵說起。在舊約中有些具隱喻性質的句子，提到當有人死去，乃是跟此人的列祖同睡，或是被招聚到列祖那裏去。但在新約，「睡覺」這詞的意思不僅指死亡。例如，請仔細參考三段經文：馬可福音五章中睚魯女兒的故事（特別注意39節）、約翰福音十一章裏拉撒路的故事（特別注意最初十節）、帖撒羅尼迦前書四章13至18節，當中的討論涉及已死的信徒。這三段經文的主題，全是關於真的死了的人。然而，他們的死都被放在他們將會從死裏復活的背景中來理解：睚魯女兒和拉撒路的復活在耶穌履行職事的過程中已發生；至於帖撒羅尼迦前書，復活將在基督回來時發生。在上述所有情況，使人復活的都是基督。那麼為甚麼稱「死亡」為睡覺呢？這是由於說這話的人在每一種情況下都知道，死者將從死裏復活，就像有人剛睡了一場好覺後甦醒的樣子——恢復精神，獲得更新，頭腦清醒，能吃能喝。「睡覺」這詞在早期的猶太文學中，並沒有被用來描述死者的情況，而是指死者並非永久死亡。這點引起一個關於「魂睡說」的簡單說法，就是在基督裏，死了的人會一直睡到主再來。

我們可以直截了當地說，聖經並沒有推崇「魂睡說」的理論。首先，新約的作者並不認同希羅文化主張的靈魂不滅（immortal soul）的概念，我們也不該認同。新約的作者幾乎全都是猶太人，他們的觀點不至於希臘化到一如斐羅（Philo）的程度。可是，他們亦非一元論者（monists）或唯物主義者，我這樣說的意思是，他們的確相信人的構造有非物質的部分，這部分通常被稱為人的靈。因此，例如在路加福音，垂死的耶穌在十字架上將祂的「靈」交託給上帝。又例如保羅在哥林多後書五章談論到，已死的基督徒雖然離開了身體，但卻與主同在。雖然在新約中沒有身體/靈魂的二分法，但在人的身體和人的其餘部分之間，有一定的二分——當信徒死後，他們的位格性（personality）、他們的靈、他們非物質的部分，會與上帝同在。不單耶穌肯定這一點（參路加福音十六章中財主和拉撒路的比喻），保羅也認同，拔摩島的約翰也確認這點，他在啟示錄六章提到看見殉道的聖徒在天上清醒地抱怨：「主啊，要到何時呢？」這一切所意味著的是，「睡覺」一詞只在非嚴格意義上適用於已死的人——從一個純粹屬地和世俗的角度來看，他們像是在地底下沉睡，但實際上他們在上帝的同在中活著、有意識、清醒；將來有一天，他們會活在一個更美好的身體裏面，那是復活的身體。可以肯定的是，睡眠預示死亡，但當死亡臨到信徒身上，他們無所懼怕。

當我們從較世俗的意義來思想睡眠，我們想起了《麥克白》(*Macbeth*)裏的一句話：「那終結糾纏不清的憂慮之睡眠」，這種睡眠被喻為「最好的良藥」。莎士比亞很清楚他在說甚麼。睡眠是克服壓力和焦慮的好辦法，我們所有人每天都需要它，有些人的需要比其他人來得強烈些。有些人認為睡眠浪費了人生的三分之一，但聖經中從沒有出現這種工作狂式的觀點。聖經認為睡眠以不同的方式使我們恢復精神，賜予我們健康和生命。有人曾說，我們應該花三分之一的生命睡覺，好叫我們能夠把其餘的三分之二獻給上帝，作積極、重要、活潑的事奉。讓我們反思一下傳統的兒童禱文：「現在我躺下睡覺，祈求主保守我的靈魂。假如我在睡醒之前離世，祈求主接收我的靈魂。」有時候，第二句禱詞是這樣的：「保守我平安度過黑夜，讓晨光把我喚醒。」這個簡單的禱文承認，當人睡著的時候，便失去了對自己生命的控制。因此，這個禱告是祈求保護，免得在脆弱的時刻受到傷害；從某種意義上而言，這也是勤於與上帝坦誠相對。這禱告實際上是說：「當我睡著的時候，萬一有甚麼不測發生在我身上，主啊！請把我接到祢那裏去。」在每晚關燈之前，人藉此禱告跟上帝和好。

安息日、休息、睡眠都是重要的神學主題，正如本章所示，我們該作細心的神學反省和仔細的區分。但另外有幾個相關的主題，也值得我們此刻思考一下。讓我們細想現代世俗的退休觀念。正如我在另一本著作《工作：從束縛到自由》中提及，你會發現在聖經中有大量關於休息和睡眠的內容，但從沒有提及退休，例如說一個人在六十五歲便得從他/她的終身事業退下。幾乎到他一七九一年離世的那一天，約翰．衛斯理一直都這樣禱告：「主啊，不要讓我毫無用處地活著。」這亦將是我的禱告。事實上，退休的觀念——不管在哪個年齡——基本上是現代西方的工業化國家在二戰之後的想法。而事實上在許多情況下，這是一個非常糟糕的主意。我無法告訴你有多少個我認識的牧者，只在「退休」之後幾個月便去世。你不要告訴我，這情況跟他們當中許多人覺得自己不再對社會有貢獻，沒有半點關係，更不消說他們感到對上帝的國沒有貢獻了。關於這個主題，莫特曼有些很重要的洞見：

> 基督教終末論所理解的歷史終結，從來都不是一種隱退，或發薪金的日子，又或目標達成，而是把終末視為一首唱頌無盡喜樂的讚美詩、一支蒙救贖者在上帝三一的豐盛裏跳的千變萬化的圓步舞、一種靈魂和身體的全然和諧——除此之外，它完全沒有其他目的。基督教終末論沒有期盼一個遠離塵世的天堂，供沒有身體的靈魂居住，而是盼望一個被靈滲透，並且從律法和死亡的捆綁中得贖的新身

> 體……基督教終末論為歷史的終結，填上美學範疇的色彩。[7]

我要強調一點，對於有些人從他們稱為「俗世」工作上「退休」，以便全心全意投身其他有益的事務，特別是一些宣教工作，我對此舉沒有異議。我有一位好友，他在五十出頭便從蜆殼石油公司（Shell Oil）的職位退下，轉而把更多時間投放到宣教和事奉上，又在他所屬的鎮議會幫忙，做有益的公眾事務。他幾乎沒有空閒時間，沒有推卸責任，也沒有「花費他子孫的產業」。他仍然是社會上非常有用的成員，是基督和祂教會的好僕人。如果這就是「退休」所意味著的，那就要想盡辦法退休。可是，其實這不該被稱為退休，而應該稱為時間、資源、精力的重新分配。

如果你曾花時間在「天堂接待室」——我是指養老院（另一種完全現代的發明，使家庭可以擺脫日常照顧長者的重擔），在那些地方，你會嗅到孤獨的氣息、被家人遺棄的感覺，長者不再感到有目標和意義。我不是說在任何時候或任何情況下，都沒有人需要進養老院，或需要日常的居家護理。當然，在某些時候或情況下有這樣的需要。我要說的乃是，**正常**來說，基督徒工作的目標不該是退休，或為了養老院的退休生活。我要感謝上帝，因為辦善終服務的機構所做的偉大事工，讓人可以在家裏有尊嚴地去世，而不是在醫院的無菌環境下離世。我們作為基督徒，實在需要從多方面反思整個醫療制度的問題，例如下列範疇。

醫生和醫院的處事方式，就是無論何時、幾乎不惜任何代價都要使病人存活。這樣做的理由是本於一個準則——「這條人命就是一切；我們必須撐住，不惜一切代價讓生命延續下去」。醫院相當於俗世社會的聖所，醫生是大祭司，還有信條——要充分利用、盡量延長此必死之軀體中的生命。可是坦白說，基督徒並不相信這一點。他們並不相信此生就是人類存在的全部意義。假如你也不相信這一點，那麼你便要問一些特別關乎生命末期護理的問題，例如：「這種治療的效果是延長生命還是拖延垂死的過程？」基督徒是相信永生的人，他們面對這個問題時可以更泰然自若，因為他們不相信這些問題的答案跟永生和永死攸關。外科手術的問題、人工呼吸器的問題、使用嗎啡的問題，對於基督徒從來都不是終極問題，因為此生不過是人類存在的第一個階段而已。所以，我們必須根據那將臨的國度，重新思考我們對待生命、健康、休息、睡眠等等的方式。當復活的身體已近在咫尺，為甚麼我們還要無休止地支撐不斷腐朽的肉身？作為基督徒，我們需要探討這類問題。

可是，我們不僅應該根據國度來仔細審視退休和生命末期的問題，對於像從事我這行——教師——的人而言，還有安息年假的議題。在某種意義上，安息年假這詞是個委婉的表達方式：學校時常給予教師休假，**前提是他們要著手一個有效和重要的寫作計劃或與職務相關的計劃，令所謂的「休**

假」顯得合理。這不是真正的休假，只不過是把時間集中於某些特定的職務或寫作任務罷了，僅此而已。因此，這樣的假期根本稱不上是安息年假，當中根本沒有停止過工作！你只是變得更專注於特定的任務。更糟的是，學校批准安息年假通常都有附帶條件——你必須承諾額外多服務學校兩年左右。這樣的休假，沒多少聖經中的「安息年」意味。

可是，我的確認為基督徒該從國度的角度重新思考那為了人和土地而設的禧年。我提出此建議，是因為在路加福音四章，耶穌於首次講道時宣佈祂帶來了禧年，當中包括債務寬免、囚犯得釋、解放奴隸、土地休耕……諸如此類。如果耶穌引進上帝的國，乃是標誌著終末禧年時期的來臨，那麼現今我們已經進入這時期好長一段時日了，而這禧年理應影響我們如何看待本章所討論的一切——安息日、休息、睡眠、退休、安息年假，所有這些相關的主題。而且，當我們從國度的角度重整這一切主題，也就意味著工作亦需被重整和再思，正如我們在《工作：從束縛到自由》一書中曾詳盡論證的。工作和休息乃相輔相成，所以我們如何從國度的角度看工作，會影響到我們如何從國度觀看休息。

耶穌這位傳遞異象者說，祂來是令被擄的得釋放、醫治病人、傳福音給貧窮的人（因此主禱文提到免債）。國度理應關乎醫治、幫助、恢復、解放，而且你會發現，這一切都將在「安息」年中發生！原來，國度不僅關乎休息（rest），它還關乎恢復（restoration）；不僅關乎恢復，也關乎歸還

（restitution）。現在我們乃是根據耶穌所宣告的禧年而活。於是我們的問題是：我們做了甚麼來實現禧年？——不僅為要得著休息，更要使別人得享休息；不僅為要經驗到恢復，更要跟別人分享；不僅為要得著寬恕，更要寬恕他人；不僅曉得整全和聖潔，更要跟別人分享之。我們是否像基督那樣，是負傷的治療者？抑或我們只是放下了自己的重擔，只為了自己私下的休息和睡眠？我想與你分享一個關於禧年的故事。

南非的種族隔離政策結束之後幾年，我到了該地四所主要的大學發表演講。我所遇見的人給我特別深刻的印象，尤其是在比勒陀利亞（Pretoria）的神學系碰見的，以及我跟斯托里主教（Bishop Peter Storey）在斯坦林布什（Stellenbosch）碰到的人。在第一個場合中，我遇到一位南非的黑人學者，他為了抵抗種族隔離政策，付上了一切代價。他不僅像曼德拉（Nelson Mandela）那樣被監禁，更被拷打。然而，他在這裏的神學系中跟不同的南非白人一起工作。他的行動本身就宣告了寬恕和禧年，以及一切敵對之休止。我認為，除非有安息年的存在——我指的是敵對之終止——否則不可能有真正的禧年。

斯托里主教告訴我關於「真相與復和委員會」（Truth and Reconciliation Commissions）的一切。在它當中發生的事非同尋常，又極合乎基督教信仰——例如說，跟那些在紐倫堡（Nuremburg）的審訊完全不一樣。在那些委員會中，那些曾折磨黑人的南非白人有機會走出來公開承認他們所犯的罪，在沒有受到進一步報復的情況下，得著赦免。他們向在場的人，就是他們曾親身、直接傷害過的人道歉。我看過一套影片，內容是某些人的悔罪過程，還有淚流滿面的寬恕場面。在那些日子，國度來臨，並且其準則得到人的遵從，這使一個由黑人和白人組成的國家、一個克服過去的種族仇恨和偏見之傷痕的國家，有可能出現。這真是個非同尋常的故事，而你可以在一部動人心弦的電影《不敗雄心》（*Invictus*）中，瞥見此故事。

當國度進入一個人的生命、一個城市、一個國家，國度的翅膀帶來了醫治、休息、恢復，甚至帶來安睡。國度帶來了禧年。但是國度觀仍涉及許多其他層面，在下一章我們將會轉到玩耍的問題，就是從國度的角度建立的玩耍神學（theory of play）。正如我們將要看見，連平凡的基督徒生命都能變得不平凡——假如活著是為了上帝的榮耀、建立其他人，並且本於將臨的國度及其價值。

小結

論到休息、睡覺、恢復的議題時，基督徒沒有受到呼召、也沒有被要求跟從回顧式的安息日主義。我們乃是根據新的創造和國度活著，而非根據舊創造和這世界那正在逝去的樣式。我們不再活在摩西之約的規條底下；我們是新聖約的子民，期盼主的日子來臨，並慶祝第一個主日，就是復活的日子。我們活在兩者之間——當國度已經來臨卻還沒有完全來臨。因此，我們的休息神學和恢復神學主張，我們仍需休息和恢復，但卻不需守安息日。我們需要的，是每一天的休息和恢復，又在平常的基督徒生活中，在工作與休息、工作與玩耍、以及工作與其他各種各樣的活動之間，取得良好的平衡。

我們不僅在安息日與休息之間，亦在休息和睡覺之間，作出了跟基督徒相關的區別。上帝既不打盹，也不睡覺，但我們會。可是，上帝有一休息，而且希伯來書的作者呼籲我們進入此上帝終末的休息——不是一個供休息的地方或休息的時間，而是一種存在的狀態——憑著信心而活，在心中帶著基督的平安，毫不焦慮地期待未來，因為未來就如上帝的應許和正開啟的國度那般光明。

耶穌定義的敬拜，跟神聖的空間、時間、日子沒有關係，而是關乎在聖靈和真理中隨時隨地的敬拜；在嚴格意義上，每一天都是主日，神聖與世俗之間那道分隔的牆，已經被耶穌的死和復活打破。整個生命都要成為神聖的，我們所有的活動都應該是榮耀頌——為了上帝的榮耀而做，為了造就他人而行。這亦意味著，我們用來休息的時間也是神聖的時間。這是上帝賜給祂所愛的人的——他們需要休息。

休息和睡覺一樣，是一份禮物，不是一種權利，正如生命是一份禮物，不是一種權利。我們在休息中得著安慰，而我們憑信心休息。當我們躺下睡覺，我們信靠主會在我們最脆弱的時候看顧我們；我們放下自己的重擔，不再控制自己的生命。因此，睡覺成了信靠上帝的一個隱喻，代表「放手，讓上帝來做」。睡覺不僅是來自上帝的禮物；當我們要進入睡眠，我們乃是將自己回獻給上帝，說出我們的晚禱。

在休息之時，就像在平安（shalom）之中，我們經歷到上帝的臨在與平安，有時祂甚至會在我們的夢中向我們說話。這從休息和睡眠而來的平安，又像清醒時的平安，使我們整全。這平安不僅恢復我們的體力，使我們能繼續日常的活動，也日復一日地提醒我們：「要緊記你必朽的軀體、你的軟弱、你的脆弱、你作為受造物的種種需要。要記住，你不是你自己生命的上帝，也不是你自己生命的主」。當我們領略到這一點，我們便能聽見主賜給保羅的話：「我的恩典夠你用的，因為我的能力是在人的軟弱上顯得完全。」當終末的禧年來臨，公平、公義、和平、愛、解放、自由、恢復亦會來臨。所有先知的夢想將得以實現，上帝為祂子民所定的全盤計劃亦會成全。

在新的創造裏，當一切事物終結之時，我們會期待主日臻至完滿，那時我們完全成為復活節的子民，擁有像基督所擁有的復活身體。由於那時再沒有晚上，我們可能會問，會不會我們亦不再需要睡覺？可以肯定的是，在新創造裏不再有聖殿，不會再慶祝舊創造的規矩，再沒有神聖與世俗之分，因為主的臨在將充溢祂所有的創造，而喜樂將會長伴我們左右。正如有一樣比信心和盼望更大、更持久的事物，就是愛，亦有一樣比休息、睡眠、和平更大的事物，即喜樂。

在下一章，我們會討論一下對此喜樂之預嘗。我們要討論玩耍這一主題。

2

玩耍之道

我不曉得可不可能……重拾這種想法：教會對於自由的領域（藝術、教育、友誼、玩耍……）提供一種理解。有誰……在我們的時代，能以從容的心態專注於音樂、友誼、遊戲或歡樂呢？肯定不是「合乎道德的人」（the ethical man），只有基督徒能夠。

潘霍華（Dietrich Bonhoeffer）
《**獄中書簡**》（*Letters and Papers from Prison*）
一九四四年一月二十三日

認真看待玩要

平常的基督徒生活有許多不同的面向和特點，涉及許多不同的活動。假如人要健康，想活得快樂，那就肯定不只需要一點點玩要（play；編按：play 一詞也含有參加運動比賽、扮演等意思，本書將根據文意翻譯該詞）。孩子本能地曉得這一點。我們把玩要的時間加入他們的日程表，甚至加進他們學校的時間表中。出於某些原因，有太多成年人有時會認為成人參與遊戲是幼稚的表現。這樣想真可惜。

閱讀本章時最好緊記，玩要跟休息不是同一回事——**徹頭徹尾**不一樣。休假時把時間花在休息和睡眠上，與休假時抽時間玩要，是非常不同的事情，兩者我們都需要。當基督徒失去了玩要的能力、或玩要的慾望、又或玩要的興趣，他們便是正在遠離「回轉，變成小孩子的樣式」的目標，而不是朝這方向進發，好叫他們可以承受上帝的國。換句話說，從基督教的角度來看，摒棄玩要，以為這是毫無價值的事，或彷彿這是成年人應該撇棄的，此做法本身就是不成熟的標記，反映出缺乏基督徒的智慧。這樣做好像在說：「現在我已是成年人了，所以我只有時間做嚴肅的事，而不是那些純粹為了嬉戲的事情。」

但是假如我這樣說：有一些事物能為你帶來歡樂，使你的思維更靈活，能促進你身體的健康，又能賦予你社交技巧，幫助你學習如何成為團隊中之一員；若你背棄這些美好的事物，是否真是成熟的表現？我不以為然。事實上，我想說工作和敬拜兩者，都能從玩耍學到一些東西。例如，有時我在一些比賽中看見的熱情、歡樂、慶祝的盛況，我經常希望亦能在敬拜中遇見。

我在我那本從國度觀看工作的書中，開始了對玩耍此主題的討論，我們不妨在此重溫那兒談過的某些內容。[1] 我們可以視玩耍為一終末的活動，亦同時可視之為孩子氣的活動。例如，莫特曼強調，我們在玩耍中預嘗我們的解放，在玩耍中，我們不必再研究戰爭，我們擺脫那些佔據我們、使我們與真實的生命疏離的事物。玩耍預示終末的喜樂，在那時，形形色色的苦差、疾病、腐朽、死亡都將逝去。[2] 玩耍應被視為對生命的慶賀，就是生命活至最完滿、最堅定、最崇高、最極致的境界。還有，玩耍有種團結我們的潛力——如果我們合宜和有智慧地玩耍的話。奧林匹克運動會的遠象和精神，約略反映出這一點。無論如何，我認為莫特曼這樣說是正確的：合宜和公平地進行的遊戲/比賽，能促進那展望將來的盼望神學（theory of hope）。玩耍不是一種無用的活動，它能預見終末的喜樂。

延續上一章，我們有必要談論一下休息與玩耍之間有何關係。玩耍不是一種工作形式（除非你是一名職業運動員），也不是工作的對立面。事實上，玩耍可能比工作更費勁。因此，玩耍也不是休息的一種形式；玩耍是獨立自存的。有些人認為玩耍浪費時間，我完全不同意這一點。某些事物既非休息，也不是工作，不是敬拜，但做這些事情並不因此就是浪費時間。事實上，就算你參與一場你不一定很擅長的遊戲，也不會浪費時間。

遊戲是倫理的操練。讓我談談一個我仍經常參與的遊戲，來說明這一點。很少遊戲比高爾夫球更講求守規矩，因為此項運動明擺著有大量規則。規則之於高爾夫球，就像規條之於舊約，但你必須主動處罰自己。大體上，高爾夫球是項自我監管的運動，即使在專業錦標賽時亦是如此。這一點令高爾夫球異於其他運動，例如說，棒球賽有裁判，籃球賽和美式足球賽有球證。事實上，在一場棒球比賽中，全壘的裁判有時比參賽者，對於比賽的結果有更大的發言權——假如那是一場分數偏低或比分接近的比賽，要依靠好壞球來決定賽果。

在某種意義上，運動比賽反映了人生。規則是存在的，但你遵守它們與否是另一回事。在美式足球賽和籃球賽中，幾乎每場比賽都有多得可怕的犯規情況出現。不管我們說的是美式足球賽的拉人，還是籃球賽的犯規，這類情況永無止境，比賽會因此暫停。就高爾夫球或下棋，甚至是棒球而言，這類情況較少。我想說的乃是：**遊戲/比賽是小型的倫理劇**（morality plays），**從一個人怎樣玩耍/作賽，我們可以道出此人的人品**。他們有公平地競賽嗎？他們有作弊犯規嗎？

我從小便熱愛棒球，而且很少人會比我這樣一個球迷，對於那個濫用類固醇的年代感到更加失望。這類作弊的情況，多方摧毀了體育比賽的公正，尤其是有人因此獲得不公平的優勢。但比賽不**只是**揭露球員品格的倫理戲劇，比賽還揭露了球迷或觀眾的品格。我們大多數人都曾因為目睹一些球迷的行為，而產生過不愉快的感受，尤其是那些喝醉酒的球迷，或是一些極偏頗的人，認為任何針對他們球隊的吹罰，都肯定出了錯，所以他們還以噓聲和謾罵。這絕對稱不上有體育精神，只是盲目的支持。如果玩耍的最壞情況是一種預示，反映出地獄之狀況（在這個地獄裏，騙子昌盛繁榮，富者愈富）；那麼，玩耍/作賽的最好情況亦是一種預示——預示上帝的國。

請留意以下真實故事。二〇〇八年四月，有兩所大學的壘球隊進行聯賽連賽（doubleheader）的第二場比賽。到了第二局，西俄勒岡（Western Oregon）的畢業班學生圖霍爾斯基（Sara Tucholsky）打出了她球員生涯的第一個全壘打，球還越過了中外野的圍欄。圖霍爾斯基和她的隊員雖然為此感到興奮，但這故事值得注意的部分，是接下來發生的事。

當圖霍爾斯基嘗試繞壘，她並未完全觸踏一壘，所以她又跑回去。當她轉身之際，她的膝蓋突然扭傷，她在極大的痛楚中倒臥在地，就在距離該壘幾英尺之處。她完全沒法憑她自己的能力繼續繞壘。

裁判確認，根據規則所定，惟一可行的做法是找一名替補的跑壘員在一壘取代圖霍爾斯基。如此一來，這一擊便會被記錄為帶有兩分打點的一壘安打，而非三分全壘打。如果圖霍爾斯基作為在場的跑壘員，得到教練或訓練員的任何協助，她便會被趕出場。教練別無他法，只好為她準備替補球員，但這樣做便會奪去圖霍爾斯基惟一的全壘打。

當時，中央華盛頓（Central Washington）的畢業班學生霍爾特曼（Mallory Holtman）上前提問，如果她的隊員抱起圖霍爾斯基跑餘下的壘，並幫助她觸踏每一壘，這個建議是否可行。這是霍爾特曼在主場的最後一次比賽，而這次賽事的結果，將會決定霍爾特曼自己有沒有機會打季後賽，但她仍義不容辭地幫助另一位球員，而且她對這位球員的認識，就只是過去四年的一位對手罷了。

「坦白說，這樣的事，是其中一件我希望有人會為我做的事。」霍爾特曼說道。「她擊中的球越過了中外野的圍欄。她是位畢業班學生，這已經是她的最後一年……我相信，任何人一旦知道我們能觸碰她，都會認同這事，因為這樣做是正確的。那時她顯然極其痛苦。」

因此，當球迷起立給他們鼓掌時，霍爾特曼和游擊手（shortstop）華萊士（Liz Wallace）抱起圖霍爾斯基慢慢完成繞壘，用記者海斯（Graham Hays）的話來說，這次也許是「此項運動歷史中，最長和最多人參與的全壘打繞壘」。

西俄勒岡最終贏了這場比賽。但這場比賽令人難忘的，不是誰勝誰負。正如西俄勒岡的教練說：「這件事教人正確地看待一切事物……我們學習到，不是做甚麼都只為了獲勝。我們忘記了，因為我們身為教練，總是嘗試取勝。我們忘記了這一點。但我永不會忘記這一刻。這件事改變了我，我敢肯定，也改變了我的隊員。」[3]

對於這個故事，有很多正面的內容值得我們談論。它告訴我們，比賽關乎的，是按照規則公平地競賽，而非勝負。我恐怕大部分在美國算得上體育的運動，已經完全忘記了**玩耍／作賽**的意義和何謂體育精神。人們當然希望獲勝，但即使論到玩耍／作賽，仍有一些事情比取勝更重要。有一句古老的格言說得好：「勝負不是關鍵，關鍵是你怎樣進行一場比賽」，但坦白說，這不是今天許多運動員或隊伍的座右銘。可是，這卻是上述故事中的霍爾特曼的座右銘。在玩耍／作賽之時，有時僅僅完成，已需相當大的幫助，甚至是來自對手的幫助，但這值得我們傾盡全力。

這個故事也包含**最後的機會**（last chance）這個終末元素。我記得這種滋味。那時是我最後一年打籃球，而我的隊伍正在爭奪冠軍。我取得該場比賽最初的八分，但教練的兒子也是打我的位置，餘下三節都由他負責。結果，我們輸了。當時我只是個十來歲的青年，在這件事上沒有發言權，但我感到蒙受個人損失，因為我永不再有機會參加此項比賽，而且我相信，如果我能繼續上場的話，我能夠改寫賽果。我想我完全理解上述故事中霍爾特曼的感受和態度。圖霍爾斯基不再有其他機會，機不可失。因此，圖霍爾斯基從一個看似不太可能的來源——競爭對手——得到幫助。這是個關於自我犧牲的故事，而玩耍／作賽經常能為我們描繪那類實際上具有福音特質的故事。

玩耍／作賽也給我們展現勇氣的機會。我有幸參加一九九三年的波士頓馬拉松（Boston Marathon）。比賽當天是愛國者日（Patriot's Day），那是非常炎熱的一天，這情況在四月初的波士頓有些異常。但幾乎從比賽一開始，那場賽跑便教人感到能碰到些令人頓悟和得到啟發的事情。

在比賽開始之前，我就確定**我**從來都不是為了獲勝而來。我根本沒有贏的機會。身為一名四十二歲的男士，我只希望能完成這次賽跑。起步槍響起之前，我走到人羣前面，只為了看看那些精英跑手——他們大部分都是非洲人，不是擁有粗壯大腿，就是擁有肌肉質量小得反常的上半身和手臂。我沒有在那天的波士頓馬拉松中取勝的野心、盼望或可能。我早過許多人跑畢全程，包括市長在內，同時落後於千百名精英跑手。那場比賽無關乎輸贏。然而，正如聖保羅所言，它關乎的是跑一場美好的比賽、一場誠實的比賽、一場向著標桿直跑的比賽，並且跑完賽程。

有一件事遠比精英跑手們的模樣更令我印象深刻，就是有一位我在他旁邊跑了好長一段時間的參賽男士——他一邊跑一邊推著輪椅，輪椅上坐著的是他四肢癱瘓的兒子；他就是這樣跑完整個賽程，直到終點。呀！這就是勇氣的寫照！你可以看見那位坐在輪椅上的年青人臉上流露的喜悅，還有那位奔跑的父親臉上淌下的眼淚。單單這一幕，已值得我為參加並完成是次賽跑而努力。跑步是一件我幾乎一生人都在做的事；實際上，跑步相當像人生，亦像信仰，你打過了那美好的仗，你跑盡了當跑的路——跑完了賽程。當我完成了波士頓馬拉松，我一位住在波士頓的朋友里克（Rick）在終點等我，並為我拍照。他們圍著我，又給我飲料，我則如釋重負。但這負擔卻是好的——對我而言，那是成就的負擔。

許多精英跑手衝得太快太快，水又喝得太少。我在途中超越他們許多人。他們躺在路旁的擔架上，在接近威爾斯利（Wellesley）處接受靜脈注射。天氣是那麼熱，就連曾在紐約馬拉松獲勝的薩拉薩爾（Alberto Salazar），到了心碎山（Heartbreak Hill）時亦退出比賽。我跟一位七十多歲的婆婆跑上那座山，她激勵我說：「讓我們跑上這座山！」在心碎山要緊跟一個婆婆的步伐令我感到羞愧，但這是學習謙卑的好機會。

沿著那條二十六英里的賽道，當你努力跑步時，會得到些驚喜。就在我到達牛頓市（Newton）之際，牛頓市消防署的小伙子用水噴我，把我射倒，接著過來要跟我拍照。為甚麼？不是因為我是一名出色的精英跑手，而是因為我背上的編號是一九九三，剛好是該次比賽的年份。因此，我花了一點點時間跟他們合照。我希望擁有那幅照片。在人生賽事的沿途，你得到好些拍照的時刻，而支援也會在意想不到的時間和地點出現。而且當你玩耍/作賽之際，這類難忘的時刻更是多不勝數。

當我接近終點時，我實際上是拚命捱過去的。我奔向終點附近的保德信大廈，當時波士頓學院（Boston College）的學生在綠線地鐵的車廂（當時火車剛好露出地面）搖下車窗為我打氣。我不停地說：「祢在跟我一起跑嗎？耶穌，祢在跟我一起跑嗎？」我那時已筋疲力盡，不剩半點鬥志，但仍決心完成比賽——即使爬過終點亦在所不計。在這裏我有個感悟，它關於玩耍如何激發平常的基督徒生活的其他層面。

經歷了這般費勁的「玩耍」之後，我需要泡個熱水浴，然後休息、好好睡一覺。實際上，我有沒有完成甚麼？是的，我有。我對自己的性格和耐力有更深的認識。但玩耍不單為了找出和測試自己的極限，或只為了提升耐性和毅力，玩耍也關乎效法上帝。

莫特曼對玩耍作出的分析，最有趣的其中一點乃是，玩耍跟上帝的創造有一些共通之處。由於上帝是一位自足的存有（self-sufficient being），因此創造這個宇宙對祂而言並非必要。同樣，嚴格來說，玩耍並非人生的**必需品**。我們不需要玩耍，不像我們需要休息或吃喝或睡覺或工作。沒有玩耍，人依然能夠**生存**。可是人類並不是僅僅為了生存而受造。上帝照著自己的形像造人，叫他們敬拜上帝，仿效祂的行動。而在「玩耍」之中，我們實際上在仿效上帝的行動。我們創造出一個遊戲，又參與這個遊戲，它自成一體，有其規則、吸引人之處。遊戲自成一個小天地。如果我們問這個有關宇宙的問題：為甚麼世上有些事物存在，而不是一無所有？這問題的其中一個答案乃是：因為上帝愛玩耍。上帝樂於創造和玩耍。但是，事情還不僅於此。

> 正如創造，人的遊戲是自由——而非無常——的一種呈現方式，因為跟玩耍相關的，是創造者喜悅祂所創造的，以及玩耍者在遊戲中嘗到歡愉。正如創造，遊戲結合了真誠與歡笑、懸疑和鬆弛。玩耍者全然投入遊戲之中，態度認真，但他同時亦超越自己和所參與的遊戲，因為這畢竟只是遊戲。因此，他實現了他的自由，沒有失卻之；他超越自身，但不至自我吹噓。「上帝出於美意的自由創造」是世界的標誌，正如「上帝的兒女」是人類的標誌。[4]

如果你認為上帝不愛玩耍，你最近大概沒有仔細審察祂的創造。怎樣的一位上帝，才會造出嘴巴像鴨的鴨嘴獸？或像駝鳥那樣有趣的老鳥，又或長頸鹿？當你真的開始仔細審視上帝的創造，如果它不能令你微笑並接著大笑的話，那就意味著你缺乏幽默感。上帝肯定富有幽默感，又懂得玩耍。或者，我們可思考一個現象，就是孩子擁有無盡的玩耍能量，無需外求。在沙地中玩耍，你不需要無盡的能量。成年人則經常需要能量，並經常發現自己缺乏這種能量。到底發生了甚麼事？

玩耍不僅關乎樂趣，也不止令我們歡笑。玩耍不僅是一個神聖的活動，使我們暫忘人生的災難。正如莫特曼提醒我們，玩耍不是受壓迫的羣眾的麻醉劑——雖然兇殘無度的獨裁者經常以此方式利用玩耍。試想想一九三六年於希特勒（Adolf Hitler）統治的德國所舉辦的奧運會，歐文斯（Jesse Owens）在賽跑上的英雄式勝利，絕對否定了納粹的宣傳：日爾曼是優等民族，其他民族都是次等的。玩耍不單顯出上帝的幽默感，還顯示出上帝的公義和公平。波士頓紅襪隊（Boston Red Sox）最終在二○○四年贏得總冠軍之後，我聽到紅襪隊的球迷最常說的其中一句話乃是：「世上果然有上帝！」這句話意味著：公義和公平終於得到伸張。

但是，我們還要在本章談論另一種玩耍，我是指演出（Play）、戲劇、劇作家、奏樂、舞蹈表演。以音樂為例，音樂可以觸及言語無法觸碰的心靈的某個角落。許多電影顯得索然無味——如果欠缺音樂來提升張力、預告將要發生的事、牽動觀眾的情緒，使他們投入故事，與片中的主人公產生共鳴。在敬拜中，音樂產生幾乎相同的功能。音樂在敬拜中，不是用來（1）娛樂觀眾，不是用來（2）提高士氣，也不是（3）在乏味和晦澀的講話之間提供歇息的空間。音樂的功能乃是使我們全部人沉浸在我們對上帝的愛、驚異、讚美之中，好叫我們全人投入敬拜。不管是透過音樂、視覺藝術、舞蹈還是話劇，敬拜都需要這些形式的玩耍。

我們都曾看過運動員的優美動作，而且我們有一套審美標準衡量這類玩耍，而對於所謂的藝術領域，這類審美標準就更明顯了。例如，我們假定音樂會感動我們，使我們反省美的本質、和諧的本質，或諸如此類。我一生都參與音樂活動，我可以證明這類玩耍有多重要——不管是主動地玩耍（我歌唱、彈奏管弦樂器和鋼琴）還是被動地玩耍（專心聆聽）。這些初步的觀察刺激我們積極思考，又叫我們面對一個事實，就是玩耍的重要性。這不是瑣碎或無謂的主題，因此，如果我們要為平常的基督徒生活建設一套有意義的神學，那麼對玩耍作神學反思，乃是不可或缺的。「相對於我們對人生『過分嚴肅』的態度，玩耍以喜樂和歡愉的靈充滿我們，延伸至我們存在的所有層面。這種態度建基於、且孕育了一種不言而喻的承認，這種承認發自一羣更新的人類，他們意識到自己乃是根植於生命那本源的神聖（life's fundamental sacredness）。」[5] 緊記這一點，現在我們可以探討玩耍的定義。

玩耍的定義

若你發現極少人對玩耍做過認真、重要的神學研究，或許你不會感到驚訝。事實上，當我到處搜集資料時，發現除了莫特曼在七十年代初出版的百來頁小書以外，幾乎再沒有其他作品討論這個題目。這個結果令人驚異，特別是鑑於世界為運動和音樂而瘋狂。很幸運，莊士敦（Robert K. Johnston）就這主題寫了一篇很詳盡的博士論文。他在七十年代中於杜克大學（Duke University）學習，在我的一位導師蘭福德（Thomas Langford）的指導下做研究。莊士敦修訂論文，將之擴展成書（《玩耍中的基督徒》〔*The Christian at Play*〕，一九八二年出版），之後付梓，直到一九九七年還在重印，近期又轉給另一家出版社出版。當你碰到一本小書，在首次出版之後仍能長期重印和再發行，你便會意識到兩件事：(1)這個研究很有價值，以及(2)其後沒有人或幾乎沒有人接棒，繼續探討此重要主題，把它發揚光大。在本章，我們打算跟莊士敦交流，希望在這領域上能邁進一小步。莊士敦給玩耍作如下定義：

> 我認為玩耍是一種參與者自由和自發加入的活動，它一旦開始，便擁有其本身的設計、規則、秩序，乃是參與者必須遵循的，好叫玩耍得以繼續。參與者被潛在的共同參與者和/或玩耍的對象召喚進入玩耍的狀態；在玩耍期間，要跟其他參與者和/或所玩之事物保持人際（personal）關係，與他們建立一個羣體，該羣體的特徵是「我—你」（I-Thou）的關係，而非「我—它」（I-It）的關係。玩耍擁有新的時間（玩耍時間）和新的空間（玩耍場所），這新的時空是參與玩耍者的生命和世界中的一種「域外狀態」（parentheses）。日常生活的關注被參與者暫時拋諸腦後，其世界之邊界被重新定義。玩耍之所以為玩耍，參與者必須在不帶外在目的之情況下參與：玩耍跟物質利益或別有用心的動機無關，否則玩耍場

> 所的邊界和玩耍時間的界限便會遭到侵犯。但是，雖然玩耍本身就是目的，它仍會帶來好些結果。其中最主要的，包括歡樂與釋放、個人的實現、對我們共同人性的記念、對神聖之預感，這些都是參與者有時在活動中，或通過活動經驗到的。一個人參與玩耍的冒險旅程，就算面臨受傷或受挫的風險，在旅程終結時總會尋覓到出路；因此當此人重新進入那持續不斷的人生時，乃是心懷感恩和歡慶的新靈（new spirit）。因著玩耍的時間，參與者成為一個已改變的個體，其人生得到擴展，超越了平日工作的世界。[6]

我認為這些觀察全都很有幫助，雖然我不知道職業運動員——玩耍/作賽就是他們的工作，反之亦然——會對這一切抱持甚麼意見。對於他們，玩耍不是工作暫停的時候，反而是上班工作的時候。有人亦會質疑，這種情況在多大程度上，會扼殺玩耍的樂趣，或是淡化，甚至消除其中一項玩耍旨在完成的事物——休息。職業運動員參與體育活動，明顯是為了物質利益和帶著外在目的。雖然聽來有點奇怪，這就是為甚麼有些人會說，職業運動員就像專業劇作家一樣，他們根本不是在玩耍。在莊士敦一類的評論者心目中，玩耍是一項在工作場景以外舉行的活動，玩耍是為了它帶來的樂趣，而不是為了某些功利或實用的目的。因此，「鍛煉身體」

(exercising)跟玩耍(playing)不是同一回事。首先，鍛煉身體不是一種體育運動，或至少不是一項團體運動，而且它是為了某個特定的目的而進行的，就是維持或達至良好的身體狀況。鍛煉身體本身不是目的，而是達到目的之手段。但是遊戲和玩耍本身就是目的。

赫伊津哈(Johan Huizinga)也研究了玩耍，並下這樣的結論：「我們可以稱之為自由的活動，與『平常』的生活無關，不是件『嚴肅』的事情，但同時卻強烈和完全牽引著參與者。這類活動跟物質利益沒有關連，也不能賺取甚麼利潤。玩耍在它本身所屬的時空界線內進行，按照固定的規則和井然有序的方式。玩耍促進了社羣團體的形成。」[7]

按此主張，NBA、NFL、MLB等比賽的球員，實際上沒有一個在玩耍。他們是執行任務的職業運動員，因此當他們開始「嬉戲」，而非認真地在比賽場上完成他們的工作或任務時，他們的經理和其他人會投訴。你會明白，為甚麼這些球員有時會感到沮喪和困惑。這些球員不是在玩耍嗎？他們不是該自然流露，享受和慶賀他們所做的嗎？為甚麼世上會有些規則，禁止人在達陣區慶祝呢？

理由很簡單：有許多球員以為他們在玩耍，但很可惜，他們的班主、經理、教練、裁判，有時甚至是他們的球迷，都認為他們不該如此。事實上，人們認為球員應該努力工作，好叫某些事情得以完成——贏得錦標，賺取金錢。依照莊士敦和赫伊津哈兩人對玩耍所下的定義，這些球星所做的，嚴格來說不是「玩耍」。這點令我們明白為甚麼大學運動員沒有受薪參賽，也不該受薪。受薪的運動員不再享有真正的玩耍的自由和創意。這樣的比賽變得功利，成了工作。大學運動比賽之所以美妙，部分原因是由於參賽者所做的，是為了運動本身帶來的好處，為了運動本身帶來的喜悅，為了運動內在或固有的對人的獎勵，為了運動本身有助建立羣體和培養品格的益處，而不是為了一些附加的福利或工作的目的。

玩耍不是打卡上班；實際上，玩耍的主要特點之一，就是它擁有自己的空間、時間、規則，跟現實世界有別；而且事實上，像棒球一類的比賽，根本就不計時，沒有時間限制。當比賽進行時，球員經常談到另一種時間。有人會説，當他們剛好戲劇化地接到一球，或是揮棒擊中球時，所有事物彷似慢了下來，或以慢動作進行，近乎完全停止，直到該動作完成。

玩耍創造它自己的想像世界，它本身必要的空間。例如，假設有一個城市頒佈法令，宣告凡有人收藏值錢的物件——例如在城市的街道上拾到棒球——則屬違法。然而，這條法例不適用於球場，就是當某個球員打出一次全壘打，而一名球迷接到這一球，後者並不違法。又或者，假設波士頓紅襪隊主場芬威球場（Fenway Park）的全壘打牆綠色怪物（Green Monster）的牆上有一道小門；外野手可以穿過這道門，直奔到運動場外面的街道去。假設不一會有人擊出一記猛烈的高飛球，越過了這道牆；如果有球員穿過那道門走到街頭，並且把球接住了，擊球手不會因此被淘汰，因為接球的球員已離開了那供遊戲進行的合理領域。接球手可以倚著圍欄把球接住，又或者爬牆接球，但他不能跑到外野的看台梯級去接球。遊戲有其本身的道德標準、倫理準則，有其規則——不錯，遊戲實際上是倫理劇。作弊，不管是否涉及在球拍上做手腳或是其他，絕對不是真正的玩耍，而是佯裝玩耍。離開了玩耍的場地玩耍，是絕對不行的；因為這樣做是越界，而所有體育運動都涉及有界線的領域。在遊戲場地之內，外野手可以跑、跳、滑，作即興反應，單手接球、雙手接球、徒手或戴手套接球——有許多自由和即興發揮的空間。記得在二〇一〇年賽季開始時，我看過芝加哥白襪隊（Chicago White Sox）的投手伯爾利（Mark Buehrle）打出該年度最佳的比賽。在比賽中，球彈出了一壘邊線。伯爾利氣喘吁吁地跑過去把球撿起，但卻向著完全錯誤的方向投球，他到底做了甚麼？他把球撈起，然後盲目地把球從兩腿之間擲給一壘手；他在玩耍。他做出即興的舉動。是的，在夢想場地的界線之內，有自由與激情。[8]

然而，上面引述的內容給玩耍下的定義，欠缺了終末論或國度的視角。我的意思是玩耍預示了某個時刻，那時我們不僅冰釋了一切敵意，放下「謀生」的擔子，亦成為羣體，能夠享受共事，包括禮讚生命；這些事情無關生死，也無關生命之危在旦夕，而是映照出那和諧、合作、相交、具團隊精神、契合（koinonia）的日子。玩耍既不存於工作的時間，也不存於休息的時間。玩耍是上帝的國的預示。讓我舉例說明這點。

我上次去新奧爾良（New Orleans），是為了參加在新奧爾良浸信會神學院（New Orleans Baptist Seminary）舉行的一個會議。我們抽了些時間，放下一切演講、講道、辯論，前往法國區（French Quarter）享受一頓美食，然後去了一家爵士樂俱樂部。那天恰巧是狂歡節（pre-Mardi Gras season）。如果有哪個城市曉得怎樣開派對玩耍的話，那肯定是新奧爾良。那裏的人不需任何邀請或借口，便會開始遊行、唱歌、跳舞、玩耍，你明白那是個怎樣的畫面。那兒有定期的音樂巡演，所以那城的人甚至不用等到「豐富的星期二」（Fat Tuesday）或葬禮，也不用等到新奧爾良的聖徒隊（New Orleans Saints）最於贏得超級杯（Super Bowl；聖徒隊曾贏過超級杯，有人認為這是個明顯的末世臨近的徵兆；當然，終末事件正在發生！）。

無論如何，我們去了斯諾格港（Snug Harbor）這家小型爵士樂俱樂部。馬薩利斯（Ellis Marsalis）和他的家人每星期五晚在那裏演奏。馬薩利斯一家都是音樂家，溫頓（Wynton）與布蘭福德（Branford）是其中兩位，馬薩利斯是他們的父親。然而讓我印象深刻的，是俱樂部外的街道上，有許多人在慶祝、開派對、演奏樂器、歌唱，他們正在享受一段美好的時光。為了進入俱樂部，我們不得不穿過喜氣洋洋、享受快樂的人羣。這些人不論長幼，都沒有付費進入俱樂部或大體育館，但他們在街道上也能玩耍和慶祝。他們沒有參與甚麼「繳費玩樂」的節目；他們只是陶醉於生活的樂趣（*joie de vivre*）之中，就那樣在街頭自發地玩耍，不需批准或邀請。歡樂的氣氛是如此具感染力，有不少旁觀者加入他們，一同起舞和歌唱。

我想像在國度之中，將會有許多類似的景象。好吧，也許沒那般醉人，但必定是沉浸在愛、驚異、喜樂之中。這些人在那一刻渾然忘我，拋開了他們的愁苦，享受一段美好的時光。但重點是：這不是**逃離**（escape from）現實，而是**在一瞬間逃往**（escape into）**上帝為我們所有人安排的未來的實在**（future reality）。

試思想這段描寫主的恩年——禧年——的經文（耶穌在拿撒勒首次講道、宣佈上帝的國來臨時所引用的經文）。主的僕人說：

> 主耶和華的靈在我身上；因為耶和華用膏膏我，叫我……安慰一切悲哀的人，賜華冠與錫安悲哀的人，代替灰塵；喜樂油代替悲哀；讚美衣代替憂傷之靈；使他們稱為「公義樹」，是耶和華所栽的，叫他得榮耀。
>
> （賽六十一 1~3）

稍作思想，我們便能看到，這段經文對於當晚在新奧爾良的狂歡者是多麼適用。颶風卡特里娜（Katrina）摧毀了那城。河畔浸信會教會（Waterside Baptist Church）是我曾講道的地方，這所教會後來被稱為水底浸信會（Under Water Baptist）。成千上萬的家庭和企業遭到毀壞，許多人喪失了生命，很多人認為新奧爾良可能永遠無法恢復過來。事實上，此城仍在恢復之中。但其中一件最能幫助他們，使他們得以堅持艱苦的修復工作，並以喜樂而不是哀愁度日的事情，便是**玩耍**，以及從玩耍而生的憧憬未來的盼望精神。如果連"Ain'ts"都能成為"Saints"，並且贏得超級杯，那麼很多事情都是可能的。玩耍預示終末時更美好的日子，那時一切事物都重拾正軌，這值得我們現在就慶祝一番。**預示更美好的時代，這本身就是在預嘗更美好的時代，這在某種程度上是玩耍的神學功能**。不過，單單說玩耍能使人放鬆、提起精神、逃避現實，或使人歡暢，但沒帶半點功利目的，這種想法有不足之處。

雖然玩耍確實有上述功能，但玩耍亦是目的論式（teleological）的。玩耍不會產生即時的效果，或達到功利的目的，但卻指向一個未來的目標、未來的狀態、未來的日子；那時，玩耍的和諧、喜樂，成為了所有生命的和諧、喜樂、玩耍；沒有疾病、腐朽、死亡，也沒有苦難、罪惡、悲傷。那時，我們有自由成為我們原本要成為的模樣。有一個理由可以說明玩耍為甚麼能刺激想像力，並為我們提供出路，用加內特（Kevin Garnett）的話來說，就是當他和他的凱爾特人隊（Boston Celtics）終於贏得總冠軍時，加內特說：「甚麼事都有可能發生！」[9]玩耍的存在，是為我們指向更美好的一天、更美好的時光、更和諧的世界，在那裏，各式各樣的事物都是好的。玩耍向我們指出，我們身上所具備的一切可能性，提示我們何謂真正地活著、全然成為人、擁有真正的兄弟姐妹、所有人在同一團隊裏齊心協力地朝同一目標奮鬥。這就是超越了意趣相投，進入契合的境地。

好的玩耍還帶來其他一些正面的意外收穫。首先，如果玩耍者明智的話，他/她會領悟到自己是蒙福的人——蒙了福，以至能夠玩耍，因為不是所有人都能這樣做。他/她會領悟到很重要的一點，就是不要太嚴肅地對待一切事情。一個不玩耍的人，或欠缺玩耍意識的人，往往會太嚴肅地對待每一件事，把損失看得過分嚴重。「相對於我們對人生過分嚴肅的態度，玩耍以喜樂和歡愉的靈充滿我們，延伸至我們存在所有的層面。」[10]玩耍者亦意識到，有些比其本人更大的力量，使好的玩耍成為可能。我們曾聽過不少參賽者說過這樣的話：「很幸運，當天有風，所以雖然我擊球時用力過度，球也沒有飛越草地掉進水裏。」或者是：「很幸運，外野手在濕草地上略微滑了一跤，因此減緩了他投球的速度，我剛好夠時間滑壘免被觸殺。」或者，在另一方面，巴特曼先生（Steve Bartman）把身子傾出牆外，抓住飛過來的球，阻止了芝加哥小熊隊（Chicago Cubs）的外野手阿盧（Moise Alou）接到這球，摧毀了小熊隊奪標的希望。而且，這意味著又一年不能參加總冠軍賽，這是他們自從第一次世界大戰結束以來已注定的命運！無怪乎球員總是談到運氣或天意，或比他們更大的事物，有份決定他們比賽的結果。玩耍不僅表露一個人全面的極限和身體潛能，也再清楚不過地提醒我們，我們的極限是甚麼，我們需要幫助才能玩得出色，而這幫助並不僅來自隊友。

有時這聽起來像是荒謬可笑的陳詞濫調，就是當一些真正美好的事情發生在一名球員身上，或發生在他所屬的球隊身上時，他會首先感謝上帝，因為他意會到，他只是屬於那比他本人更大之事物的一部分罷了，此更大者有意義和目的，並給人類的生命帶來喜樂。他只是屬於那配得讚歎之事物的一部分。當我心愛的波士頓紅襪隊終於在二〇〇四年贏得總冠軍時，數以百萬計的人跑出來看波士頓遊行的盛況。你會以為是民兵再次贏了美國獨立戰爭！這不只是一次慶祝玩耍——比賽和得勝——的集會，它還歡慶玩耍的特質。在我有生之年，我會一次又一次在腦海裏重演羅拔斯（Dave Roberts）怎樣盜二壘，使他的球隊在美國聯盟冠軍賽（American League Championship Series），第一次勝過令人畏懼的紐約洋基隊（New York Yankees），接著他們又三度連勝洋基隊，獲得總冠軍。那一個微小的舉動，那一次不顯眼的比賽，觸發了勢不可擋的連鎖效應，直到全面獲勝。任何合乎道德的事情，即使是玩耍，只要能保持盼望不滅，又將喜樂帶給受壓迫者、被遺棄者、孤獨者、沮喪者、悲觀者，便是件好事。「玩耍可以淨化我們的感性，使我們再次敞開自己，迎向上帝那環繞著我們的美善恩賜。」[11]

玩耍的宗教面向

若說清教徒認為成年人只應花極少時間玩遊戲，或說實際上他們無法容忍這回事，對於那些研究過所謂清教徒的工作倫理的人，這點不會令他們感到驚奇。事實上，某些清教徒幾乎沒法容忍成年人演奏聖樂以外的音樂，更不消說看戲劇了。很可能是這種態度的後遺症影響了革命前的新英格蘭，導致幾乎從美國歷史的開始，戲劇便一直被視為微不足道的事物，是浪費時間和精力的東西，認真的成年人不會花時間在這等活動上面。面對這種嚴苛的態度，人們的反應，或者更佳的說法是人們的過度反應，便是休閒心態的湧現。這種觀念主張，一個人工餘的任何時間，不該花在慈惠活動或類似的事情上，而應花在休閒或娛樂活動上，不管這類活動該怎樣定義。我們正不斷增長的娛樂與休閒文化，以及支援此文化的蓬勃行業，使神學家在認真處理玩耍神學這主題時遇上重重困難。但情況並非總是如此，而且令人驚訝不已的是，我們從意想不到的領域得到幫助，得以探索玩耍的宗教面向，我們下面將談到這一點。

當我談論到玩耍的宗教面向，我不僅是談及玩耍的心理學面向，例如玩耍可以怎樣作為沉悶或倦怠的解藥。我亦不是談論玩耍如何作為治療的途徑，可以幫助一個人成為整全的人，克服那人所面對的心理創傷或精神困擾。我也肯定不是在一種認可自戀心態的前提下談論玩耍，以為玩耍完全只關乎自己。[12] 莫特曼正確地指出，基督徒應該依照未來——事實上，是已經啟動了的終末處境——活在當下。在某種程度上，我們引進上帝的未來（God's future），或至少讓世界知道上帝的未來正在來臨，方法是現在就自發地、無私地、自由地活在喜樂之中，就像在玩耍。[13] 事實上，如果基督徒真的相信，上帝正在、將會令萬事都互相效力，叫那些愛祂、蒙召完成祂旨意的人得益處，那麼我們便有大把理由在上帝的國全然來臨之前慶祝、玩耍，即使現在亦該如此。

伯傑（Peter Berger）是研究知識的社會學家，他對玩耍的神聖面向作過一些反思。伯傑認為，玩耍指向它本身以外的事物，但玩耍本身有份於它所指向的超越事物。據此看法，玩耍不僅是一個未來的記號（sign），而且是未來的符號（symbol），在事前於它所指向的未來。[14] 伯傑還說，玩耍有一種內縕，可以叫人進入出神狂喜（ecstasy）的狀態，在這種情況下，此人超越他的自我意識與自我聚焦，因經歷到的喜樂而驚奇，一時間變得忘我。我認為伯傑是正確的。在玩耍時，我們步出日常生活那理所當然的本質，向某些事物敞開自己，某些有別於我們及超越我們的事物。

魯益師（C. S. Lewis）在他那本經典的簡短自傳《驚喜之旅》（*Surprised by Joy*）[15] 當中，談到不少關乎喜樂如何不請自來地尋找人，使人驚奇的事迹；而且一旦某人跟喜樂有過這種親密的接觸，此人便可以向各式各樣與超越者的相遇（encounters）開放自己。實際上，這樣的經歷能夠把一個憤世嫉俗的人轉變為信徒，就像魯益師本人的情況。原來，喜樂是聖潔的「光明的陰影」（bright shadow），並因此是與上帝相遇的「光明的陰影」，而上帝是所有喜樂和美善的源頭。玩耍使一個人向喜樂開放自己，並因此是一種叫我們起舞的神聖邀請。玩耍時，隨之而至的特定結果和狂喜（euphoria），是不能經操縱而得或製造出來的。當人玩遊戲，喜樂與欣喜便會自然而然出現。重點乃是，上帝能夠透過玩耍使人敞開自己，靠近人，與人相交。上帝與人的相交不止於我們稱之為遊戲的那類玩耍，上帝還在音樂演奏之中，或透過音樂演奏跟人相遇。

有時候，有人會投訴聖經沒有討論過玩耍這個主題；因為聖經這部書太嚴肅，不適宜討論這個話題。這樣說是對是錯，取決於你如何理解玩耍。如果你所指的玩耍是那些我們在現代碰到的遊戲，那麼聖經的確沒有提及，雖然有個關於聖經的流行笑話是這樣說的：

問：第一場網球比賽在何時發生？

答：當約瑟在法老的宮廷（court）中服侍的時候（編按：court 同時有「宮廷」和「球場」之意）。

可是，聖經的確有不少提到音樂的地方，這是另一種形式的玩耍（例如詩篇這本以色列詩歌集，或伯二十一11～12），而且實際上聖經也提到跳舞，就連傳道者也告訴我們跳舞有時（傳三1～4）。我們甚至受到吩咐，要跳舞讚美上主（詩一四九3；比較詩八十七7，一五〇4）。唱歌跳舞只是歡慶美事的其中一部分（撒上十八6～7；比較士十一34；出十五20～21），這美事包括上帝臨到祂子民中間（撒後六5～23）。在主面前歡樂，在聖經中得到肯定。這樣，我們可說的是，聖經提到某些形式的玩耍，亦給予它們肯定；當我們把這類經文跟其他提到慶祝婚禮、宴樂、為工作和休息之外的各種事物而歡喜的論述並列，便會清楚看見，聖經為我們提供了玩耍的證據、理念、理由。

我們在本章一直強調的是，從國度、終末論的角度看待人生，不會令人輕視玩耍；如果這種觀點令人更重視玩耍，視玩耍為一種調整人迎接國度降臨的方式，那麼，那最美好的日子，將會是跳各種各樣的舞蹈、玩各種各樣的遊戲的日子；事實上，我們將有永恆的時間來做這些事情。我們現在即使面對像卡特里娜颶風那樣的災難，或類似二次世界大戰的戰爭，或死亡本身，都不停止玩耍，原因是這些事物都必過去。但喜樂將在新一天的早晨來臨，它隨著基督的再來而至，所以我們現在必須為那場大型慶祝活動做好準備。這就是英國偉大的牧師和詩人多恩（John Donne）在面對死亡時所說的：

因為我正步向那神聖之所，
在那裏，永永遠遠跟祢的諸聖合唱團同在，
我將被塑造成祢的音樂；當我來，
我會在門前為樂器調音，
而我那時必定會做的事，事先在這裏想好了。
〈患病之時獻給上帝——我的上帝——的讚美詩〉
（第一節）

現在玩耍，現在歌唱，現在跳舞，這是為了迎接永恆、為了國度的來臨、為了成為上帝的音樂所做的調整和操練。當我們如此行，我們能預先稍微體驗到跟那位獨一的主——祂是我們的喜樂——相交所帶來的喜樂、出神狂喜、樂章。

最後還有一點要分享。純粹從功利主義的角度來看，雖然玩耍可能不像工作或休息那樣必要——我們必須謀生，養活自己和家人（假如我們有家庭的話），我們還需要休息才能繼續作工——但在某些方面，玩耍比起工作或休息更不可少。為甚麼呢？因為玩耍的目的，便是玩耍本身，它不是達至某個目的的手段；不管結果如何，在玩耍的過程中，玩耍生發本屬於它的喜悅。例如，就在今天上午，我在打高爾夫球的後九洞時，站在一座小山丘上，俯瞰眼前那青蔥的草地。那時，我沒有贏取甚麼獎項的機會，可是接著我打出了清脆的一桿，是近乎完美的五十尺的一擊，然後球滾到洞的旁邊，我只消輕輕一碰便把球推入洞，那時我感到真正的喜樂，即使只是瞬間的喜樂。辦好一件事情、盡力嘗試並把事情做好，會令人感到喜樂。就像活得精彩的人生那樣，玩得出色本身就是賞賜，並會帶來喜樂。每位基督徒都要勇於走進玩耍的冒險領域，以至每星期至少有一些時間，不是純粹為了達到其他目的而度過。因為在國度之中，沒有任何事物是純粹的手段，為了達到其他目的而存在；反之，我們將會抵達萬物的終局與目的地，在那裏，我們享受我們之所在、我們之所為，這實際上是在享受上帝，直到永遠。在永恆的時刻，我們將會沉浸在愛、驚異、讚美之中。因此，讓我們現在就抓緊和享受那些有趣的喜樂時刻與歡欣的玩耍時刻，預覽那將要到來的美景良辰。

3

細思飲食

假如上帝未曾令吃喝成為一件樂事和生活所需，
就再沒有比吃喝更使人厭煩的事情了。

伏爾泰（Voltaire）

聖經有許多關乎飲食的談論，但你上一次讀一本專門討論這個主題的書，是何時呢？飲食不僅是聖經中常見的話題或議題，根據耶穌的教導，它甚至是一個禱告的主題。然而，細思之下，我認為我們缺乏基督徒探討飲食的著作之原因是，許多基督徒（尤其是西方的基督徒）對於他們的飲食習慣感到極度內疚，而且他們不希望有人提醒他們該怎麼做。讓我舉一兩個相關的個案。

幾年前有人邀請我去美南浸信會年會（Southern Baptist Convention）任講員，該聚會在北卡羅萊納州（North Carolina）的格林斯博羅（Greensboro）舉行。對於像我這樣的聯合衞理公會信徒而言，這是次有趣的體驗，但其中一件最令人遺憾的事情，就是我在聚會中看見數以百計的牧者夫婦的身體狀況。當我站在台上望向聽眾，我看到絕大多數人都超重，超過百分之三十的聽眾肯定屬於肥胖或是病態肥胖。這點令我震驚。我知道美國人（包括基督徒）的飲食不均衡，也不常做運動，但我們以為牧者在這個領域以及其他方面會樹立好榜樣。在我有生之年，這一切到底出了甚麼問題？也許，馬克吐溫（Mark Twain）的見解，而非古普塔（Sanjay Gupta）博士的提議一直是我們的寫照。馬克吐溫打趣說：「要想人生取得成功，其中一個祕訣，就是吃你喜歡吃的東西，讓食物從裏到外發揮其能量。」

不久之前，杜克大學神學院聯同聯合衞理公會北卡羅萊納州議會，要求他們所有的牧者進行一項健康狀況調查。

我估計，促使他們舉辦這次調查的原因，是他們日益關注牧職人員的健康狀況以及操勞過度的問題；而是次調查所研究的，是眾多有助促進身體健康的相關議題，其中一項便是個人的飲食習慣。我認為這項調查之所以必要，原因之一是我們極少或從未在教會的教導中，聽過關於飲食的倫理問題。事實上，對於絕大部分現代基督徒而言，飲食似乎已經在倫理議題的範圍中被「剔除」。我們可能為了生存而吃喝，或在某些情況下，活著就是為了吃喝，但無論哪一種情況，我們都沒有把飲食當作一個倫理議題——我們大概只把飲食視為生活之必要，或是為了歡愉，為了舒適，但卻不視之為道德議題。

只需花片刻時間思考，便能知道這種觀點有嚴重的錯誤。我們不是該把基督徒的身體當作聖靈的殿，供上帝居住嗎？我們真的認為上帝想住在一個垃圾堆填區嗎？難道我們真的認為，飲食過量及不當以至傷害自己的身體，對別人來說是美好的見證嗎？我們真的認為，採取一些會嚴重損害我們的飲食方式，或令我們無法榮耀上帝的飲食方式，是管理生命這份禮物的好方法嗎？我不以為然。可是，我們又該怎樣處理聖經中所有關於宴樂的章節，甚至是終末時的彌賽亞筵席（Messianic banquet）？此筵席不是提供了理據，讓我們在某些時刻盡情享樂嗎？關於食物和飲食，甚麼才是正確的神學立場和合乎倫理的觀點？首先，讓我們看看聖經對宴樂的討論，是在甚麼背景下進行的。

宴樂

在施洗約翰和耶穌之間有個眾所周知的差異：一位基本上是禁食者，靠吃昆蟲和野蜜維生；但另一位卻似乎是宴會的常客。耶穌總是說，當新郎與你同在的時候，你不應舉哀和禁食。在某些方面，國度的來臨有點像快將舉行的婚禮：「讓我們像國王那樣吃喝，或者在此情況下，**跟**國王**一同**吃喝。」根據聖經的記載，宴樂在某些情境中不僅適當，更得到耶穌的認可，整體而言是一種待客之道。然而，我們忘了一點：這些宴樂是為了特殊場合而設的。浪子回頭故事中的父親不是每天都宰殺一頭肥牛犢；只有浪子回家時，他才會這樣做。

在聖經的世界，如果我們談論的對象是一般老百姓，人們只在節日或特殊場合——例如婚禮——才宴樂。宴樂不是每天的例行事務。事實上，大多數古人只在向某個神明獻過祭牲後，才有機會吃肉。日常生活的飲食就簡樸得多：餅、酒、橄欖、椰棗、水果；你大概想像得到。一般古人的正常飲食，跟現代美國人的飲食習慣沒半點雷同之處。無怪乎耶穌勸誡祂的門徒要禱告說：「我們日用的飲食，今日賜給我們。」祂不是勸他們祈求：「我們日用的巨無霸漢堡，或奶油巧克力雪糕，又或肉餡薄餅等等，今日賜給我們。」而實際上，即使那個時代有這些食物，耶穌也不會如此奉勸門徒。祂的門徒必須有能力跟祂每天走二十里路，而不是在跑步機上搖擺前行一兩里而已。

在使徒撰寫聖經的社會中，人們吃喝多是為了維生。一切只關乎維持生命，並沒有「烹飪的樂趣」這回事。吃得起肉的人，或能經常吃大餐者，惟有皇室成員或有錢人。惟一的例外，就是特殊的場合、節日、婚禮。我們已不再活在那樣的世界。對於我們大多數人來說，每一天都可以是宴樂的日子，但我們卻不該如此。惟有在我們這個時代，才會出現一種情況，就是普通人亦需要提防肥胖、暴食症、厭食症，諸如此類。有一句古老的英國諺語是這樣說的：「那些把自己吃到生病的人，必須禁食到康復為止。」至少古時參與宴會的人，會意識到要適可而止，而非狼吞虎嚥，不管這樣做在我們看來有多麼不善交際。

簡言之，聖經中的宴樂並不能合理化現代人成為美食主義者或體重嚴重超標的情況。聖經假設了一個特殊的場合，那是國度的場合——是婚禮，是節日，或類似的情境。起牀不是特殊的場合。真相乃是，許多現代人只不過受他們的慾念操縱——食慾、性慾、尋樂的慾望——就連基督徒亦經常落入這些陷阱。如果你想按國度觀對待飲食，那麼宴樂便需保留給特殊場合之用，而且是非常特殊的場合。在此列出幾處新約聖經提到宴樂的地方，會給我們一些幫助。

> 太十一19：「人子來了，也吃也喝（feasting），人又說他是貪食好酒的人，是稅吏和罪人的朋友。但智慧在行為上就顯為是。」

太二十四 38：「當洪水以前的日子，人照常吃喝（feasting）嫁娶，直到挪亞進方舟的那日。」

路七 34：「人子來，也吃也喝（feasting），你們說他是貪食好酒的人，是稅吏和罪人的朋友。」

路十二 45：「那僕人若心裏說：『我的主人必來得遲』，就動手打僕人和使女，並且吃喝（feasting）醉酒……」

路十七 27：「那時候的人又吃又喝（feasting），又娶又嫁，到挪亞進方舟的那日，洪水就來，把他們全都滅了。」

路十七 28：「又好像羅得的日子；人又吃又喝（feasting），又買又賣，又耕種又蓋造。」

林前十 7：「也不要拜偶像，像他們有人拜的。如經上所記：『百姓坐下吃喝（feasting），起來玩耍。』」

加五 21：「……醉酒、荒宴（feasting）等類。我從前告訴你們，現在又告訴你們，行這樣事的人必不能承受上帝的國。」

彼前四3：「因為往日隨從外邦人的心意行邪淫、惡慾、醉酒、荒宴（feasting）、羣飲，並可惡拜偶像的事，時候已經夠了。」

猶12節：「這樣的人在你們的愛席上與你們同吃（feasting）的時候，正是玷污，他們作牧人，只知餵養自己，無所懼怕；是沒有雨的雲彩，被風飄蕩；是秋天沒有果子的樹，死而又死，連根被拔出來。」

上面列出的經文有個有趣的地方，就是宴樂通常跟不道德的行為有關，但也經常被人們用來批評耶穌的行為。宴樂尤其跟異教的不道德行為有關。加拉太書五章21節的警告特別值得注意，由於該處的經文指出，過度沉溺於吃喝，其實可以令一個人無法進入那將臨地上的終末國度！猶大書12節也值得關注，因那裏指出基督徒繼續宴樂，但卻沒有批評他們這樣做。這些被稱為愛筵（love feasts）的聚餐，顯然是指那些教會成員在家中舉行的基督徒聚餐，基督徒亦在當中共享主餐（林前十一章），且有教導的時間。猶大書的警告，是關於他們容讓假教師混入那種親密的環境，在那兒，講員所說的話很自然會得到人們的信任和產生影響力。至於狂歡、宴樂、偶像崇拜三者之所以相關，是由於在異教文化中，人們往往在「偶像的筵席」（idol feast）中進食。具體而言，筵席乃是在充斥著偶像雕像的異教廟宇中舉行，雕像代表該神明或女神親自臨在。在這些筵席中，當男人喝得醉醺醺時，他們可能會跟那裏侍候的女子或其他人，發生輕率的性行為。因此，拜偶像、淫亂、宴樂經常在這樣的背景下彼此相連。[1]

另外值得注意的是，上述經文把宴樂與不道德的人輕率的生活相連。在挪亞的時代，當毀滅臨到的時候，後者就是那些在大快朵頤時被逮個正著的人；最後審判來臨的時候，情況也大致如此。毫無疑問，在任何情況下，慣性的沉溺都會招致聖經作者隱性的批判。事實上，從加拉太書的引文可見，這種行為可以令你被徹底逐出國度！現在是時候讓我告訴你們關於「極速美食王」(The Galloping Gourmet)和「簡樸美食王」(The Frugal Gourmet)的故事。我們先從後者開始。這是網上有關他的訃告：

> 史密斯(Jeff Smith)是聯合衛理公會的牧師，他在二十世紀八十年代因拍攝《簡樸美食王》而踏上星途。史密斯於七月七日盡享天年而與世長辭，享年六十五歲。史密斯在華盛頓州的塔科馬市(Tacoma)土生土長，於普吉特灣大學(university of Puget Sound)取得學士學位，及後在德魯大學(Drew University)獲得碩士學位。一九六五年，史密斯被按立為牧師，並在往後六年任職普吉特灣大學的校牧。他在那裏教過一個課程，名叫「食物作為聖禮與歡慶」(Food as Sacrament and Celebration)。從

> 一九七二至一九八三年，史密斯擁有並經營「校牧膳食餐廳與美食店」（Chaplain's Pantry Restaurant and Gourmet Shop），這個機構提供餐飲服務並作烹飪學校之用。他教學的技巧、親切的作風、敏鋭的烹飪觸覺揚名在外，促使公共廣播服務（PBS）於當地的附屬台 KTPS-TV 為他攝製他的第一個電視節目《創意烹魚法》（*Cooking Fish Creatively*）。不久這個節目易名為《簡樸美食王》。到了一九八〇年代初，史密斯將該節目的製作地點轉移到芝加哥（Chicago），他接著在《菲爾．多納休秀》（*The Phil Donahue*）出現，為自己的節目作推廣宣傳，並因此獲得超過四萬五千張食譜訂單。不久，《簡樸美食王》成為美國收視率最高的烹飪節目，在三百個平台上播放，共吸引了一千五百萬名觀眾收看。史密斯的十二本食譜賣出數以百萬冊之多，成為此類書籍的暢銷書。他每次在節目結束之時，都會以他的商標用語作結：「我願你們平安。」

可惜，遠在史密斯去世之前，他已被指控涉及性侵某些男性，這些指控導致他的節目被取消。這些控訴從未得到證實，事件實際上在庭外和解了事。然而，我們看到，史密斯希望提出一種烹飪之道，一種有別於那種有錢人和美食主義者才能採用的方法——後者正如克爾（Graham Kerr）主持的著名節目《極速美食王》。以下有關克爾的內容來自維基百科：

> 克爾（生於一九三四年）認為自己是蘇格蘭人，但在英格蘭長大。他的父母是英格蘭享負盛名的旅館經營者，因此，克爾的童年大部分時間都跟歐洲一些最優秀的廚師一起度過。克爾在布萊頓學院（Brighton College）這所私立學府接受教育，其後在英格蘭的東蘇塞克斯郡（East Sussex）的羅巴克酒店（Roebuck Hotel）當見習經理，那時他才十五歲。在英國軍隊任職五年膳食顧問之後，克爾成為英格蘭皇家阿斯科特酒店（Royal Ascot Hotel）的總經理。
>
> 克爾於一九五八年移居新西蘭，成為新西蘭皇家空軍的首席廚師及膳食顧問。在一九六〇年代初，他的傳媒事業於該地開始：他在電台和雜誌宣傳他的食譜，還出版了一本相關的書《與克爾一起款待客人》（*Entertaining with Kerr*），初版在八天內便售罄。隨著電視這新媒體在新西蘭出現，NZBC的製片人馬多克（Shirley Maddock）向克爾招手，聘請他進軍電視媒體。
>
> 克爾的電視節目名為「極速美食王」——一個吻合他熒幕角色的名字。這個節目在渥太華（Ottawa）的 CJOH-TV 錄影，並由克爾的妻子 Treena Kerr 監

製。克爾「極速美食王」之角色的由來，源自他在一九六七年與一位品酒專家埃文斯（Len Evans）合著的書籍《極速美食王》（*The Galloping Gourmets*）。他們得到這個綽號，是因為他們花了三十五天涉獵全球最優秀的餐館。在他最早的北美系列的每一集一開始，都會重提這個綽號；節目在一羣現場觀眾面前拍攝，而克爾會跑步進入舞台，並躍過飯廳佈景中的一張椅子。

這系列節目以輕鬆幽默、無聊惹笑見稱，還有大量使用澄清牛油（又譯牛油清）、奶油、食用油。事實上，克爾在節目上最著名的對白，可能就是他如何回應某些批評他的烹飪技巧的人：「夫人，你可跑到街上去，讓一輛巴士輾過你，再想想你會錯過甚麼！」克爾大部分的餐單都無拘無束地使用餐酒；他一邊烹飪一邊喝酒，在他的菜餚加入酒的成分，又歌頌酒的好處。這個節目有一個例行環節，就是當節目結束，開始顯示製作人員的名單時，克爾會走進觀眾席，選擇一名觀眾（通常是女性）到台前享用他剛才預備的菜式。在《極速美食王》收視大熱的日子，克爾的影響力遍及全球，他寫了大量食譜，並獲得兩次艾美獎（Emmy Award）提名。其中有一集特別有趣，當中克爾做了名為「斑迪克」（Spotted Dick；譯註：即葡萄乾布丁）的英式甜品。[2]

克爾與史密斯，還有威爾遜（Justin Wilson），他們乃是今天電視——特別是烹飪頻道——上眾多烹飪節目真正的鼻祖，他們是「鋼鐵廚神」（Iron Chef）和其他人的先驅。在某方面而言，儘管克爾享用了不少澄清牛油和酒，他仍然活力充沛和積極活躍。隨著這些廚師的興起、這類飲食節目的普及而出現的，是肥胖問題，特別是北美的肥胖問題，這一切並非偶然。烹飪也許是一門藝術，能帶來一些歡樂，但若對這門藝術過度沉迷，人便可能像昨日的晚餐那樣轉瞬即逝。烹飪作為一門藝術，使那句古老的拉丁諺語「生命短暫，藝術長存」（*ars longa, vita brevis*）成為謊言，因為這門藝術不會持續得太久，而且很諷刺的是，如果你吃得太多，你的生命會縮短。

飲食過量，即暴食（gluttony），曾一度被形容為七罪宗之一，現在則被看作是人自行選擇的罪中之樂，就連許多基督徒也這麼認為。**值得注意的是，基督徒的飲食觀念，極少建基於聖經對此主題的教導**。我們已經談過聖經對宴樂的整體看法，我們很快會轉到禁食的主題。但在這裏，讓我們先談論一下，聖經實際上對於飲用含有酒精的飲料有甚麼教訓。

我們不需作太多反思，便能得知有關禁止醉酒的命令，這些吩咐足夠清晰，無需爭辯或討論。事實上，牧者被明確禁令，不可過度沉迷喝酒。例如，提摩太前書三章3節說，監督不該酗酒，用含蓄一點的話來表達，就是「不好喝酒」（傳統說法是成為「酒徒」）。但是，這處或其他經文所沒有禁止的，是喝酒。實際上，保羅認可喝酒作醫藥的用途。提摩太前書五章 23 節記載：「再不要照常喝水，可以稍微用點酒。」是的，毫無疑問，聖經中提到的酒，都含有一定比例的酒精成分；否則，聖經就不必提出警告，談及變成酒鬼或酗酒者的危險。至於約翰福音二章那個有名的迦拿婚宴的故事，我們又該怎麼解釋？

儘管用上解經的十八般武藝，我們還是不能避免一個結論：耶穌在那場婚宴中把水變成酒。早期猶太人對於飲用葡萄酒，不必面對任何道德爭議，管筵席的人在猶太婚禮中絕不會這樣說：「你倒把好葡萄汁留到最後？」有一則關於循道宗信徒（我自己也是循道宗信徒）的流行笑料：耶穌把水變成酒，自此循道宗信徒便一直努力要把它變回葡萄汁。耶穌對於酒並沒有這種顧忌。

其實，上述管筵席的人所講的，不僅指最芬芳的好酒被保存到最後一刻，而且是指摻水最少的酒，最後才被呈上。古時正常的做法，乃是當賓客仍能區別好壞的時候，先呈上未經水摻雜的酒；宴會舉行了一段時間後，呈上的酒會愈來愈淡。但是在迦拿婚宴，情況卻剛好相反。

還需補充一點，在聖經的世界，人們喝酒不只是因為缺少飲用水。釀酒不僅為了慎重起見的必要安排，好叫人們能飲用安全的飲料。培植葡萄園和釀酒，是猶太人——包括多個舊約作者——接受和認可的做法。例如，詩篇一〇四篇 14 至 15 節提到，主自己「使草生長，給六畜吃，使菜蔬發長，供給人用，使人從地裏能得食物，又得酒能悅人心」。詩人看上帝是食物與酒的終極來源，它們都是好東西。傳道書十章19節亦提出類似的看法。

網站 www.justforcatholics.org 在「酒是上帝的禮物」（Wine is God's Gift）這標題下面這樣說：

> 聖經中有許多不經意提到酒的地方，這表明釀酒和喝酒乃是希伯來文化平常的一面。例如，麥基洗德帶餅和酒到亞伯拉罕和他手下那裏——這明顯是一件好事。同樣地，耶穌也在祂的比喻中提及酒、用來盛酒的新舊皮袋、葡萄園和酒榨（太九17，二十一33）。基督施行的第一個神蹟，就是在迦拿婚宴中（約二9）把水變為酒（希臘文是 *oinos*）。
>
> 有人主張，希伯來文的 *yayin* 和希臘文的 *oinos*（均可譯為「酒」），可同時指葡萄汁與經發酵的酒。然而，若這詞每逢在一些帶著負面意思的上下文中出現，便是指經發酵的「酒」，但若在一些帶有正面意思的上下文中，便是指未發酵的葡萄汁，這樣解釋是極不合理的！*Yayin* 和 *oinos* 就是指酒，若過量攝取的話，它內含的酒精足以使人醉酒（例如創九24：「挪亞醒了酒（*yayin*）」；弗五18：「不要醉酒（*oinos*）」）。
>
> 在希伯來文和希臘文中，有另外一些詞語意指

> 「新酒」(*tirosh*、*gleukos*),即未經發酵的葡萄汁,或是酒精含量很低的飲料,又或是存放的年日不夠久遠的酒。我們必須緊記,葡萄一經壓碎,發酵隨即開始,果汁會迅速變成酒。只消幾個星期,酒精含量便幾乎達至最高水平。猶太人不曉得有甚麼方法可以防止葡萄汁發酵(要到十九世紀才有人發明巴氏殺菌法〔pasteurization〕)。
>
> 有歷史證據證明,人們喝的酒經常被混入水。有些人認為,猶太人喝稀釋了的酒,是因為他們的水源受到污染(由於清潔的水在今天垂手可得,這些人認為我們沒有充分理由喝酒)。但是,猶太人肯定不是單單為著這個原因才喝酒,因為聖經也提到,上帝的子民喝酒,使他們的心歡喜快樂。下列的經文教導我們,酒是一種祝福,是上帝賜給我們享受的禮物。

接著,該網站引用傳道書九章7節、詩篇一〇四篇14至15節、申命記十四章26節、阿摩司書九章14節、以賽亞書五十五章1節、雅歌四章10節,最後文章總結說:「酒是上帝的禮物。上帝在聖經中宣告為美好的事物,我們不該稱之為邪惡。」

這個總結很有幫助,它基本上是正確的。聖經只譴責飲酒過量。無疑,我們今天曉得,有些人天生有酗酒的傾向。

若一個國家充斥著酗酒和濫用藥物的人，我們會明白一個忠於聖經之聖潔觀的人將會：(1)完全避免醉酒；(2)在公共場所飲酒會三思而後行，尤其是在一些無法抵受酒精誘惑的人面前，特別是年輕人；(3)可能會下結論說，整體而言，包括考慮到健康方面的因素，禁酒是最好的政策。另一方面，醫生會鼓勵許多患二尖瓣脫垂(prolapsing mitral valves)的病人喝紅酒，因為紅酒包含的丹寧酸(tannins)有助調理心臟的缺陷。如果你可以為著腸胃喝一點酒，亦可以為著心臟沾一點酒。簡言之，這屬於保羅所說的無關緊要(*adiaphora*)的議題，而基本的行事法則是：任何基督徒無法以清潔的良心去做的事，便不該做。對於**這類人**，若他們不能以清潔的良心去做某件事，做此事便是犯罪。「凡不出於信心的都是罪」(譯按：羅十四23)，保羅說道。他亦補充，對於這類議題，基督徒可以贊同，也可以反對，「只是各人心裏要意見堅定」(譯按：羅十四5)。

禁食

很有趣，新約聖經極少提到耶穌的門徒禁食。新約肯定沒有禁止禁食，但亦沒有給予它多少認可——除非為了特殊的原因和在特殊的場合。單看基督教歷史，你可能永遠都不會察覺到這一點，因為在公元二世紀，苦修主義(asceticism)似乎就已經「俘虜」了基督教，成為了修道運動(monastic movement)的支柱。科普蘭(Mark Copeland)對新約中的禁食作了有趣的概覽，而他首先承認一點，就是**舊約中惟一的禁食誡命，乃是在贖罪日禁食**。

I. 耶穌生命中的禁食

A. 耶穌在曠野禁食四十晝夜——太四 1～9；路四 1～2

1. 祂被引領到曠野「受試探」（馬太）

2. 祂「四十天受魔鬼的試探」（路加）

3. 「在那些日子裏，他甚麼也沒有吃」（路加；《新漢語譯本》）

在這四十天受試探的期間，耶穌認為禁食是合宜的。

B. 耶穌在「登山寶訓」有關禁食的教導——太六 16～18

1. 耶穌說的是「時候」，而非「如果」，這裏已假設祂的門徒會禁食

2. 當一個人禁食得合宜，那人會得到天父的賞賜……

a. 表明禁食就像祈禱和施捨那樣

b. 即義行，為討天父的喜悅

對於那些即將成為天國子民的人來說，禁食在義行之中有一席之地。

C. 受到約翰的門徒詢問——太九 14～17（可二 18～20；路五 33～39）

1. 耶穌說日子到了之際，祂的門徒會禁食

2. 但若情況不恰當，就不宜禁食

禁食在門徒生活中有一席之地，但只可在適當的場合進行

（並非一項禮儀）。

D. 禱告結合禁食的力量——太十七 14～21（可九 14～29）

1. 有些時候，單靠信心並不足夠

2. 在這些時候，禱告加上禁食是必要的

禱告加上禁食可以成就一些平常的信心不能成就的事。

II. 主的教會裏的禁食

A. 安提阿教會——徒十三 1～3

1. 他們事奉主的時候，全體一同禁食

2. 他們在差遣巴拿巴和掃羅之前，以禁食禱告做準備

當整個羣體一起服事主時，可以一同禁食祈禱。

B. 加拉太教會——徒十四 21～23

1. 再次是全體一起禁食禱告的例子；這次跟揀選長老的重要任務有關

2. 注意，這是「在各教會」做的事

a. 不是只有一兩所教會這樣做

b. 不是只有那些「猶太」教會才這樣做——在那裏，禁食可能會被認為「只是猶太人的一個習俗」

再一次，禁食可以是地方教會事工中的一個羣體活動。

III. 使徒保羅職事中的禁食

A. 禁食是保羅職事的一個標記……

1. 我們已經提及保羅與幾家教會的信徒一同禁食

2. 但請注意：

a. 林後六 4～10（參 5 節）

b. 林後十一 23～28（參 27 節，經文特意將禁食與平常的飢渴區分）

在這兩段經文，保羅將禁食視為自己職事的一個標記，又以此標誌他作為基督僕役的良好信譽！

B. 保羅也認為禁食在其他人的生命中佔一席之地……

1. 參林前七 5

2. 夫妻可暫時分房睡的惟一情況，就是當兩人同意分房，為要在一段特定的時間專心禁食祈禱

結論

1. 我們還有其他人禁食的例子，雖然這些人在禁食時實際上不是基督徒，但他們仍得到上帝的賜福……

a. 亞拿——路二 36～38

b. 掃羅——徒九 9

c. 哥尼流——徒十 30～31

2. 以下撮要是我們在這個研究中所發現的：

a. 我們的主在受試探時禁食

b. 有好幾次，祂向門徒傳講一些關於禁食的教導

c. 祂預告日子到了之時，祂的門徒會禁食

d. 結合禁食與祈禱，有時可能比僅僅祈禱更有效

e. 初代教會在服事主的時候禁食

f. 保羅視禁食為其職事的一個標記

g. 祈禱與禁食經常攜手並進，每逢信徒強烈渴求上帝的賜福和帶領，便派上用場

鑑於這些發現，我只能下結論說，禁食在今天的基督徒生活中，的確佔一席之地。[3]

我認為這篇概覽基本上是正確的，它指出**禁食與節食是不一樣的**。科普蘭引用的每一處經文，當中所談論的禁食是為著宗教的目的，正如他所說，**不是**純粹出於禮儀上的考量，也肯定不是為了向別人顯示自己有多虔誠。祈禱通常伴隨著禁食，情況如下：(1)有一個危機要應付，或(2)需要作出一項重大的決定，或(3)想為某人祈求醫治，或(4)在某些時刻，需要特別親近上帝、聆聽上帝。說到禁食，最有趣的一段經文，就是當耶穌論到禁食與趕鬼之間的關係。禁食顯出一個人認真和投入地要完成某件事情，尤其是希望向上帝顯出自己對某件事情的誠意。

我曾經體驗過一次滋養靈性的禁食，是在聖週(Holy Week)進行的，從立聖餐日(Maundy Thursday)直到復活節主日的早晨。在這段時間禁食，不僅為要尊榮和專注於基督在十字架上為我們所做的一切，也為了尊崇耶穌在最後的晚餐所說的話。祂渴望已久要跟祂的門徒共進晚餐，但是論到那杯酒，祂說：「我不再喝這葡萄汁，直到我在我父的國裏喝新的那日子。」正如耶穌稍早前曾說過，舉哀禁食有時，那

時新郎不再跟他們在一起，因此在聖週期間禁食是適當的。此外，一般在大齋期禁食也是合適的，那時，我們專注於基督往各各他的旅程，還有祂代我們作出的犧牲。我想再次強調，為了宗教目的禁食，跟單純的節食並非同一回事——雖然若有人體重超標，要進行節食的理由多得是。肥胖簡直是我們向世界所作的糟糕見證。如果我們不好好照顧我們的身體，代表我們知道這是來自上帝的禮物，到我們談論身體是上帝的殿的時候，他人為何要相信我們？

「照亮世界的光明之子」的平常基督徒人生

當我還在神學院讀書的時代，其中一本給我最大衝擊的書，就是賽德隆（Ron Sider）的經典作品《財主與窮人：饑饉時代的富有基督徒》（*Rich Christians in an Age of Hunger*）。[4] 這本書喚醒了我，令我明白我必須關懷那十二億活在貧困中的人。其中一件我最需要注意的事，就是我自己浪費食物的習慣，以及沉迷於各種各樣於我無益的飲食。賽德隆提高了我們所有人的意識，提醒我們要關懷窮人，也讓我們看到自己在飲食方面的行為，既可以成為良好的見證，也可以是敗壞的見證，既可以見證我們關懷窮人，也可以表明我們其實不甚關心他們。我開始意識到，就連我們生活中一些有關基本事情的決定，例如飲食方面的決定，也需要基督的引領。

就吃喝本身，聖經並沒有作出譴責；可是實際上，聖經並非只批評放縱的飲食而已。對生活整體而言採取輕率、自我中心、自我放縱的態度，也是聖經譴責的對象，因此我們應該根據聖經的觀點塑造我們的飲食觀。雖然上帝沒有要基督徒大煞風景或令人掃興，而且在某些特殊場合，我們理應與朋友和/或家人和/或基督裏的弟兄姐妹享受盛宴，但我們必須緊記，上帝呼召我們：(1)照顧自己，包括適當的飲食和做運動；(2)關心窮人，按照我們的憐憫之情做些實事；(3)向其他人作好見證，表明身體乃是來自上帝的禮物，而且事實上是上帝之靈的居所。我們對待身體的方式，有些本質上是神聖的，有些是褻瀆的，但毫無疑問，暴飲暴食是聖經譴責的一種罪。

我在這裏真正談論的，是如何做一個有全球意識和宣教關懷的基督徒。如果你曾經在世上的貧窮國家工作，就像我不時有機會到那些地區，你會看見住在地球另一半的人是怎麼生活的。事實上，你可以在美國各地的城鎮看見這一面——如果你願意看的話。正如牧者詩人多恩所言：「任何人的死都使我受損，因為我是全人類的一分子」；不僅如此，耶穌愛世上所有人，並且為他們而死。因此，我們有責任關心他們的困境，表達我們的憐憫之情，踐行一種省卻資源的生活方式，好叫我們能幫助窮困的人。要做到這點，方法之一，是不再花那麼多錢在自己身上，包括供給自己的飲食。我們處理所謂的「可自由調配收入」(discretionary income)的方式，著實道出了我們人生的優先次序。聖經說：「因為多給誰，就向誰多取」(路十二48)，這句話也適用於我們這些人——就是按美國的標準不算富裕，但是以世界的標準而言，卻實際上富足有餘，被寵壞了和養尊處優的人。[5]

在二十一世紀，基督徒需要意識到一點，正如衞斯理曾說過的：失卻了社會聖潔（social holiness）的靈性聖潔（spiritual holiness）並不存在，反之亦然。我們需要更多在靈性方面得著建立，同時亦對社會有負擔的基督徒。我們需要能自覺透徹思考自己的人生，又能從西方主流文化的許多價值觀抽身的信徒，這些價值觀包括消費主義和炫耀性消費，更不消提「健康與財富福音」（health and wealth gospel）的弊病。基督徒應該傳揚的健康福音惟有一種，就是健康的飲食和健康的生活，包括採納營養均衡的飲食方式，並定期做運動。這點應該是任何地方的基督徒都該遵從的標準。

也許，其中一個我們最該揚棄的觀點，便是以「審美」的態度看待食物，即你決定吃甚麼取決於「我覺得甚麼最美味」。我不反對吃美味的東西，美食總比味同嚼蠟的食物更可取。但你決定吃甚麼，不該主要基於單純的個人偏好或「我覺得它的味道如何」。第一個標準應該是「它對我有益嗎？如果有的話，該吃多少呢？」糟糕的是，人們看到甚麼食物，便吃甚麼。他們都受到自己胃口的主宰，至於放在他們眼前的是甚麼食物，根本不太重要。

一位自覺的基督徒對食物作合乎道德的決定時，需要（1）意識到自己新陳代謝的速度；（2）了解自己可能對甚麼食物有過敏反應；(3) 明白對於自己而言，何謂合適的食物金字塔，即水果、蔬菜、魚、肉、麵包、果汁等的比例如何；(4) 知道自己一天的工作和正常的運動會消耗多少熱量（攝取量通常不應超過消耗量）；(5) 當自己的身體隨著年齡而變化，要諮詢營養師該減低或增加哪些營養的攝取量，還有我們是否需要服用維生素補充劑。這種「控制你的飲食和做運動」的進路，正是我們所需要的，也許特別是牧者需要的，因為在他們的生命中，有許多外在的事情成為壓力的來源。一個人的事奉有效與否、持久與否，部分取決於此人有沒有好好處理這類基本的健康問題。

我們可以採取一些簡單的步驟，建立更合宜的飲食習慣。營養學家埃爾伯特（Steve Elbert）說：「從營養學的角度來說，我們認為快餐等於色情物品。」有部紀錄片叫《不瘦降之迷》（*Super-Size Me*），內容講述一個健康的年輕人，每天除了快餐之外甚麼都不吃，這樣持續了一個月（他因此幾乎每天重一磅，而膽固醇和三酸甘油酯亦大幅上升），如果你還沒有看過這套紀錄片，你應該觀看。此影片提醒我們，有些東西還是少吃為妙——如果真的要吃的話。大多數快餐都屬於這一類。當你勝過這種常見的誘惑，那麼亦是時候緊記，每逢你外出用餐，不應吃得比平時的分量多。若可行的話，要完全杜絕自助餐，尤其是如果你經常高估自己的胃口（雖然你的胃會不斷膨脹）。

今天，我們的進食需要諮詢醫生的建議，以確定我們身上是否有遺傳的問題。我們許多人都有此需要，而且知道這點，可以幫助我們列出哪些食物和小吃等，是我們應該恆常避免的。問題出在飲食的心理因素方面，這點連基督徒也很少顧及。我們欣然談及**安撫性**食物（comfort food），但如果安撫性食物像奶油夾心餅，只是其他事物的補償品，那我們便需要尋找另一個安慰之源。我還沒有遇過一個人把紅蘿蔔當作安撫性食品吃。無疑，我們的情緒和心理狀態會影響我們的飲食模式。有些人在沮喪時會吃得多，有些人則正好相反。你需要了解和監控自己的傾向，以及你面對的試探。有個著名的故事，講述王爾德（Oscar Wilde）在倫敦的一個舞會，有個女僕端著一盤糖果經過。「王爾德先生，」她說：「我能夠以一顆糖果誘惑到你嗎？」他的回答是：「女士，我可以抵受任何事情，但誘惑除外。」很不幸，這也是許多基督徒的寫照。

既可悲又真實的是，有些人吃東西是因為失望；他們吃，是因為感到沒有人愛他們；他們吃，是因為他們已不再關心自己的外表；他們吃，是因為他們得不到性生活。**可是，吃東西也不是為了完成治療師、配偶或醫生所設的目標**。進食的目的，是滿足我們賴以為生的基本需要。享受吃東西，或過一段時間來次盛宴，又或者偶爾吃些經常吃便會無益的東西，都不是件錯事。問題乃是，一個人慣性和正常的生活模式到底是怎樣的。你是否藉著你怎樣吃、吃甚麼、甚麼時候吃、吃多少來榮耀上帝、建立自己、向其他人作美好的見證？假如沒有，你便需要開始思想一下這個問題。你甚至可能需要更深入地研究你自己、你的習慣、模式、生活方式、整個關乎飲食的問題。正如我們在本章已經看見，就這些問題而言，聖經有不少有益的教導。但現在是時候終止這個議題的探討，轉而談論一下國度觀。

耶穌告訴我們，我們最好還是趁現在踐行款待（hospitality），因為彌賽亞筵席舉行的日子將到，那時我們將要跟一大堆陌生的食客坐席吃飯。有幾段經文，都談論到將臨的國度涉及吃喝和慶祝的盛宴。我們可能會想起馬太福音二十二章 1 至 14 節中的婚宴的比喻，又或者，我們可以檢視馬太福音二十五章 1 至 14 節中論及聰明的童女和愚拙的童女的比喻；但是，除了耶穌的比喻，我反而希望專注於祂對將臨的國度的實際描述。馬太福音八章 11 至 12 節的背景，是耶穌剛為一位百夫長——一位異教徒——做了件好事，祂的猶太跟隨者因此感到驚奇。在此上文下理中，耶穌補充說：「我又告訴你們，從東從西，將有許多人來，在天國裏與亞伯拉罕、以撒、雅各一同坐席；惟有本國的子民竟被趕到外邊黑暗裏去，在那裏必要哀哭切齒了。」有些我們預期能進入國度的人——從早期猶太人的角度來看——會被淘汰，有些我們預期不能進入國度的人，卻坐在席上。這句話不單提醒我們，會有些意想不到的外邦人前來坐席，也有一些先祖會參與其中，他們至少在生前並不是耶穌忠實的追隨者。

為了充分理解耶穌要我們踐行款待的重要性，我們必須緊記古代近東的文化——包括猶太文化——極重視款待，即使款待的是陌生人，甚至敵人。詩篇二十三篇發出警告，上帝可能會安排一個陌生的客人跟詩人一同進餐——「在我敵人面前，你為我擺設筵席」。這個上帝版的「猜猜誰來吃晚餐？」（Guess Who's Coming to Dinner?），就像一九六〇年代的同名電影（編按：*Guess Who's Coming to Dinner*；又譯《誰來晚餐》、《金龜婿》）一樣令人驚訝。就我們探討的目的而言，重點不獨是那令人驚訝的嘉賓名單，而是另一事實：耶穌預期，吃喝將會是祂再臨時，那將臨國度之生活的特色。也許那時在國度中再沒有嫁娶，但卻有吃喝。為甚麼呢？

原因是，吃飯是其中一個主要途徑，讓相交契合得以發生，讓親密關係得以建立。**吃喝本來就是一個社交活動**，而不僅僅是個人的享受。吃喝是為了建立社羣，不僅僅是為了滿足我們的個別需要。畢德生（Eugene Peterson）在他那部奇妙的著作《天啟的雷聲——畢德生陪你讀啟示錄》（*Reversed Thunder: The Revelation of John and the Praying Imagination*）中強調，當國度來臨，我們不僅將擁有所需的一切，而我們想要的，亦正好是我們已擁有的一切。現在，我們要建立一種「足夠的神學」（theology of enough），探討甚麼是足夠，並盡力分辨甚麼是我們的慾求，甚麼是我們確實需要的。

當問題涉及怎樣成為一位強健的基督徒時，工業革命，實際上還有科技革命，在多方面都不利於我們。有許多人不論是在工作還是休閒的時候，都已變得終日閒懶。工業革命改變了美國，一九〇〇年，美國只有百分之六十六的人以務農為生，到了二千年，只有百分之六的人仍靠農業維生。難怪當孩子們在學校被問到食物到底從哪裏來時，他們會答「從雜貨店來」，而不是「來自農場」。我們已經接納了一個迷思，以為我們擁有無盡的資源（「想吃甚麼盡量吃罷，我們會製造更多」），然後當我們欠缺資源時便感到沮喪。但吃喝應不斷提醒我們，我們只是會腐朽的凡人，需要定期補給，而且還會不斷消耗有限的資源，例如食物和飲料。只有耶穌能賜予那使人不再乾渴的飲料，和那餵養人直到永遠的糧食。

總結

說到底，吃喝只是一個標記，表明我們想繼續活下去。請注意，當有人失去了「活下去的意志」，會發生甚麼事——他們會停止進食。大部分時候，我們大多數人都渴求生存，而且希望生命豐盛。但我們最需要的那種生命，乃是食物和飲料所不能賜給我們的。人心裏有個照上帝的模樣留下的空隙，不能由物質的食物填滿。「你們要嘗嘗主恩的滋味，便知道他是美善」（譯按：詩三十四 8），聖經如此說。在下一章，我們必須探討一種非常不一樣、來源殊異的食物——聖經。我們將會看見，吃一本書異於吃一個漢堡包，而且兩者提供不同種類的營養。但是，前者對於平常的基督徒生活是必要的，甚或是加倍必要。現在，讓我留下這個承蒙耶穌啟發的思想給你們：「當新郎與你們同在時，請吃喝快樂，因為自明天起，你可能會活到永遠。」

4

吃下此書——研讀聖經

我是一個來自上帝，亦要歸回上帝的人……我希望曉得一件事，就是通往天堂之路……上帝親身屈尊降卑，教導我這條途徑……祂將方法寫在一本書內。哦！請把那本書賜給我！不管任何代價，請把上帝的書給我！我有這本書，內含的知識足夠我用。讓我成為「屬於一本書的人」（*homo unius libri*）。因此，我在這裏，遠離人的煩擾。我獨自坐下。只有上帝在這裏。在祂的同在裏，我打開、我閱讀祂的書；是為了這個目的：尋找通往天堂之路。

約翰·衛斯理

研究——問題所在

在過去十年左右，我花了大量時間勸誡我在神學院的學生，請他們投身終身學習。我用盡所有最好的修辭技巧，強調這點的重要性，並在我的課程裏，將閱讀指定材料設為獲得及格的最低要求，希望令他們努力奮進，但仍然有許多同學不怎麼閱讀。結果是，有太多太多使用電腦的一代不想閱讀，除非是摘錄，或面書（Facebook）上的內容、推特上的留言（tweets），以及網上隨機讀到的文章之類的即時碎片式閱讀。可悲的是，有許多人不相信那些沒有出現在網上的資料，但事實剛好相反。許多網上的東西之所以免費，不是沒有理由的。

我有許多學生甚至不想安裝亞馬遜集團（Amazon）的閱讀器（Kindles）。這樣，我能做甚麼來激發他們的學習興趣呢？我曾採用電影片段，或類似的材料來輔助教學。我意識到，他們絕大部分基本上是靠視覺學習的人（visual learners），所以我知道要向他們提供視覺的刺激。可是某些時候，他們不得不咬緊牙關實實在在讀一本書。依我所見，他們需要從聖經本身開始。看見不少神學生竟是聖經文盲，卻對自己這方面的不足之嚴重性，顯得漫不經心、無所察覺，這是個令人震驚的發現。我通常會在「新約概論」的第一堂課做個小實驗。我要求他們翻開「希西家書」（book of Hezekiah），然後看看有多少人會忙亂地翻閱舊約部分。唉，有太多學生這樣。當我聽到他們為我所要求的所有閱讀材料而竊竊私語時，我懷疑他們乃是在說：「著書多，沒有窮盡；讀書多，身體疲倦。」但有些書比其他的更重要，聖經正是這些書籍之首。

為甚麼終身學習，特別是研讀上帝的話，這麼重要？假設我問這個問題：為甚麼認識上帝以及祂的兒子和聖靈，這麼重要？這樣問會否在人心中喚起一份迫切感？真相是，假如你沒有研讀上帝給我們的情書——聖經，你不可能充分認識上帝。聖經跟我們自己的屬靈經歷不同。我們個人的經歷非常主觀，往往難以解釋或說明它們的意義，但和上帝的其他創造一樣，聖經是一個**客觀的**資料來源，通過此書，我們能夠認識上帝，而不僅知道一些**關於**上帝的事情。原因很簡單，聖經不獨是一部書而已，它是上帝永活的道。如果你想認識永活的上帝，你必須認識上帝永活的道。像認識上帝一樣，了解聖經的複雜內容，需要我們用上一生之久，只是規模較小。相信我，我了解這一點。我仍然在為此事而努力，因為我希望在國度來臨時，耶穌會在羔羊的生命冊（book of everlasting）上找到我的名字，所以我一直在研讀上帝留給我們的這部塵世之書（earthly book）。

「你當竭力在上帝面前得蒙喜悅」

這是一位年邁的基督徒，向他的一位接班人所作的建議。他跟這位年輕的朋友、基督教牧者同道相距甚遠，坦白說，他為這位後輩擔憂。他給後輩很多好建議，其中一項較重要的是：「你當竭力在上帝面前得蒙喜悅，作無愧的工人，按著正意分解真理的道」（提後二 15）。這節經文經常被用來鼓勵人從事聖經研究（即使保羅在這裏真的在說聖經，他所指的只是舊約聖經）。但聖經研究是一回事；而以同樣開放的態度讀聖經，視之為永活的道，就像向永活上帝開放自己——這又是另一回事。

下面是提摩太後書二章 15 節的整段上下文：

> 你要使眾人回想這些事，在主面前囑咐他們：不可為言語爭辯；這是沒有益處的，只能敗壞聽見的人。你當竭力在上帝面前得蒙喜悅，作無愧的工人，按著正意分解真理的道。但要遠避世俗的虛談，因為這等人必進到更不敬虔的地步。他們的話如同毒瘡，愈爛愈大；其中有許米乃和腓理徒，他們偏離了真道，說復活的事已過，就敗壞好些人的信心。然而，上帝堅固的根基立住了；
>
> （提後二 14～19 上）

讓我們更詳細地思考這段經文。在二章 14 節，保羅轉而討論假教師的議題。請注意保羅怎樣呼籲提摩太要記住這些事。提摩太受到敦促，切勿捲入言詞的爭辯（言語爭辯；見提前六 4）和糾紛，這些不能成全任何有益的事，而且事實上，可能會使聽眾敗壞。換句話說，提摩太不可遷就對手的策略和修辭論述的模式，而提摩太前書曾提及這些對手，說他們從事這種沒有成果的言語論戰。保羅以審慎的方式論證，指出口舌之爭不會產生任何好處，或任何有用或有益的結果。

在 15 節，保羅促請提摩太把自己呈獻給上帝，當竭力在上帝面前得蒙喜悅，作無愧的工人。古時的倫理學家相信，除非人的品格經過測試和證明，否則不能假定是成熟或可靠的（參埃皮克提圖〔Epictetus；又譯愛比克泰德〕的《片段集》〔*Fragments*〕28b, 112；箴二十七 21；《便西拉智訓》〔*Sirach*〕2.1）。這種看法可能是指，一個人不會為他要作的工感到羞愧。15 節最後一句的意思備受爭議：「按著正意分解真理的道」（he is to cut straight the word of God）。*Orthotomounta* 是個有趣的動詞，新約中只在這裏出現。該詞指修出一條路徑或街道（見箴三 6，十一 5〔《七十士譯本》〕；柏拉圖〔Plato〕：《法律篇》〔*Laws*〕810E），或切開一塊石頭。很可能，這裏的意思並非「正確地解釋聖經」，而是指在傳道時要直截了當地切入重點，開門見山，不賣弄玄虛，不轉彎抹角，不像假教師那樣行事（同參加二 14）。這種觀點呼應了接下來的 16 節，那兒提出要遠避世俗的虛談，或似是而非的推論（見提前六 20）。此外，*orthopoeia* 是一個修辭學的術語，指正確或精確，沒有缺陷或錯謬。提摩太要直接清晰地言說真理的道，或者，就像我們會說：少說廢話，直接道出重點。

那些正在從事那些不智之舉的人，正進到（*prokoptein*——前進的意思，指取得進展；見羅十三 12；加一 14；提前四

15；提後三 9、13）更不敬虔的地步，而不是在敬虔方面有進步。使用該詞可能是為了達到諷刺的效果，因為對手們似乎認為他們提供的教導取得進展。保羅的回應是，「他們確實在進步，但卻是往錯誤的方向走」。他們說的話就像毒瘡，侵蝕完好的皮膚，摧毀別人的信仰（參希波克拉底〔Hippocrates〕：《論關節》〔*On Joints* 63〕）。保羅在這裏提到的名字——許米乃和腓理徒屬於假教師陣營，他們否定復活。

從這段經文，我們認識到為甚麼學習這麼重要——因為關於上帝、救恩、復活，我們相信甚麼，事關重大。如果我們在前一章中學到，在一定程度上「你吃甚麼，你便是甚麼」，那麼我們在這裏學到的，就是「你研究和學習甚麼，你便是甚麼」。雖然這段話實際上不是談論該怎樣正確地研讀聖經，而是關於該怎樣正確地陳述聖經的真理——要少說廢話並清清楚楚；但儘管如此，研讀聖經是正確的陳述的前設。你無法教導你不認識的東西，你也無法清楚教導你自己未清晰明白的事物。從某些方面來看，聖經是所有書中最深奧複雜的一部。我不是說聖經的內容不清晰易明；我是說，我們自己對聖經的理解有太多時候相當混淆。部分經文的真正意思，我們就連模糊不清的觀念也沒有。

吞吃這話

詩篇一一九篇實在是一篇出色的離合詩（acrostic poem），照希伯來字母的排列次序逐句寫作。我們可以稱這首簡短的詩歌為「如何學會字母A至Z」。要了解這首詩歌，需要先交代少許背景。基本上，詩歌的作者是在談論嚴格意義上的妥拉(Torah)——我指的是摩西律法。自始至終，作者在這首詩歌中環繞「律法」(law)、「訓詞」(precepts)、「律例」(statutes)、「命令」(commandments)、「安排」(ordinances)這些辭彙來寫作。有些基督徒可能會感到困惑，有人竟會為了律法變得口若懸河，但這正是在詩篇中發生的事。這名男士跟上帝的律法談戀愛，他全面擁抱它，而且盡他一切所能順服律法。這篇詩歌描述的人，沒有感到律法對他構成莫大的負擔，他也不是「律法主義者」，沒有拘泥於律法。相反，他認為這些律法是上帝永活的道，並且擁抱律法如同擁抱他的上帝，正如他所說，律法是他心中的喜樂。尋求上帝，就是要持守祂的命令。

我們對這篇詩篇的興趣所在，是作者怎樣對待妥拉，他怎樣研讀妥拉。讓我們從11節開始：「我將你的話藏在心裏」。作者所說的，是把上帝的話內化(internalizing)，而古時教育的基本形式，包含記憶和口頭背誦。今天，你仍可在耶路撒冷的哭牆看見這個情境。學習妥拉的學生要記住不同段落的經文，並一遍又一遍大聲背誦這些段落，作為他們向上帝祈禱，與祂建立關係的一種方式。雖然現代教育已逐漸遠離靠記憶學習，但這種轉變不一定是好事。讓我告訴你其中一個我最喜歡的故事，是關於克拉多克(Fred Craddock)的故事。

多年來，克拉多克是埃默里大學（Emory University）的新約及講道學教授。某天早上，一名蓬頭垢面的年輕學生跌跌碰碰地走進他的辦公室求助。克拉多克請她坐下詳述她的故事。她開始細說在前一晚，她怎樣決定要結束自己的生命，她計劃從一條火車的高架橋上，跳進橋下的淺河。然後她說，當她爬上橋礅要躍下之際，她聽到心裏有個聲音說：「你們要休息，要知道我是上帝！」這可把她嚇壞了，所以她抽身離開險境，一團糟地回到宿舍。經過一個無眠之夜，她便跑去見克拉多克博士。聽完她的故事後，克拉多克問她一系列問題：「你是基督徒嗎？」「不是。」她回答說。「你讀過聖經沒有？」「沒有。」她答道。「你上過教會沒有？」「沒有。」她答道，但接著她停了一下，然後說：「是的，當我還是個小女孩時，我的祖母曾帶我參加過教會在暑期舉辦的特別活動——甚麼暑期聖經班之類。」克拉多克博士問她，對於這一點她有甚麼印象。「嗯，我記得用銀色剪刀剪出一些紙條，然而在紙條上面寫字，接著站在全組人面前，背誦那些內容。」「啊哈，」克拉多克博士說：「這些內容肯定是聖經經文，其中有一句銘刻在你心裏，它剛才還救了你一命！」

詩人說，他把上帝的話藏在心裏——在這個地方，沒有人能把上帝的話從他奪去。但請注意他自己怎樣解釋，為甚麼他要這樣做：「免得我得罪你。」這樣牢記聖經，不是以記住這些經文本身為目的。這樣牢記聖經，是為了救恩的緣故，是為了實用和倫理的目的。請注意 13 節，當中提到大聲背誦上帝的話（「我用嘴唇……」）。接著到了15節，「默想」（meditate）這詞出現了，這詞跟詩篇第一篇中有時譯為「思想」（ruminate）的那詞，在希伯來文是相異的。15節中的動詞，乃是指仔細思索或反省某些事情，它並非談及任何中世紀或現代形式的默想踐行，例如靈閱（*lectio divina*）——雖然我們可以按這種方法來閱讀這篇詩歌。作者說的是，勤奮的信徒應該（1）牢記和背誦上帝的命令，和（2）深刻反思這些命令的意義；但信徒該做的絕不僅如此。研讀上帝的話，不只是為了明白它，正如詩人所說，更要因上帝的話而高興喜樂，最終要行在其中。研讀本身不是目的，而是達到目的的手段，目的乃是要順服上帝的話，和更加親近上帝自己。

儘管詩人已付出極大努力學習上帝的話，他在33至34節仍懇求上帝教導他，賜他悟性，不管教導他的老師是何許人。有些關於內心的問題，只有上帝才能處理。上帝不僅能賜予真正的理解；詩人在36至37節中祈求上帝把他的心轉向祂的誡命，又叫他的眼睛遠離毫無價值的事物。在41節，他亦祈求上帝的愛臨到他，在43節，他請求上帝不要把真理的話從自己口中奪去。根據66節，隨著知識而來的，是對人生問題的明辨。研讀上帝的話，也是為了在人生路上做實際的決定。因此，在著名的105節，詩人才會稱上帝的話是他腳前的燈，意思是說，上帝的話照亮他人生該走的路。上帝的話從來都不會出現不適切的情況。詩人相信，上帝的話不僅是永恆的，更加是永恆地適切。他也相信，上帝的話乃是聖潔、公義、良善的（160、164 節）。

如果有人細心讀畢整首詩，特別是最後六節左右，有一件事會變得顯而易見，就是詩人對上帝的話存莫大的敬畏之情（注意 161 節中的動詞「畏懼」〔tremble〕），但他倚靠和站立在上帝話語的應許之上，故此他呼籲上帝來拯救他，成全祂先前承諾要拯救祂子民的應許。在上帝的話中與祂相遇，最終會走向榮耀頌（doxology）——讚揚上帝，為著祂把祂的話教導詩人（171 節）。

詩篇一一九篇的姊妹篇是詩篇十九篇，我們在這兒該談論它。我們關注的是 7 至 14 節。詩歌的上半部關乎大自然這本書，它是上帝無言的話語，是上帝的普遍啟示（general revelation），使人知道上帝是誰。後半部關乎上帝的書寫啟示（written revelation），或稱特殊啟示（special revelation），在這裏，具體的焦點再一次是祂的律法，這可能是上帝的話首先被記錄下來的部分。當然，聖經描寫十誡是由上帝自己親自刻在石頭上的。這一切賦予那從上帝而來的默示——上帝給祂百姓的書寫式命令——新的意義。

詩篇十九篇詳盡地告訴我們，一旦我們研讀、學習、吸收、咀嚼、默想、唱詠上帝的話，會對我們產生甚麼影響。詩人說，上帝永活的道可以甦醒或更新人心（7 節）。誡命是為了賦予生命，遠非為了帶來死亡。7 節下提到，即使是愚人，當他們學習上帝的話，都會變得有智慧。祂的話使人心歡喜，眼目明亮。著名的 10 節告訴我們，品嘗或接受上帝的話，就像吃蜂蜜；實際上，祂的話比蜜更甜。

將詩篇一一九篇和十九篇並列，我們會清楚看到，對上帝的話作深入的默想和學習，是達至下列效果的關鍵：(1)獲得智慧；(2)弄清楚你的人生該往甚麼方向走；(3)靈性更新；(4)生命中有喜樂。但隱含在這一切背後，是一個人與上帝的關係，而這種關係健康與否，跟研讀和學習上帝的話息息相關。詩人亦指出，遵行上帝的話會得到賞賜。他不認為行道當不望回報。

當我們仔細察看詩篇十九篇和一一九篇，有可能會得到一個印象，以為研讀上帝的話是一件私人事務——只是你與聖經之間的事。這是一個錯誤，因為這些詩篇並非私底下的反思，而是以色列唱詠禮儀的一部分，由所有敬拜者共同享有。詩人假設所有聽眾都要研讀聖經；那不是單單為他們當中的學者而設的。事實上，詩人假定這個活動是任何類型的信徒之基礎。他從來沒有主張這研習只是為了初學者而設，雖然他明顯對不同人有不同層次的指導。我們的目標不獨是為了終身學習，而是希望漸趨成熟，更順服上帝。

我們要緊記一個重點：在福音書中，那個我們譯為「門徒」的詞 *mathetes*，字面意思是學習者（learner）。當你投身做耶穌的門徒，就是將自己投置於一條學習的道路上——學習上帝的話，學習耶穌的言行和生平，學習效法基督，在適當的時候成長，成為一個在信仰上有豐富的理解、成熟完備的人。亞歷山大的革利免（Clement of Alexandria）提醒我們：

「由於我們曾說，一個目不識丁的人仍可能有信心，因此我們要同時強調，不經過研習，就不可能明白信仰的內蘊。要吸收正確的信仰主張並抗拒謬論，不是簡單的相信就能達至的，而是靠懷著信心不斷學習」(*Stromateis* 1.6.35)——或是，就像安瑟倫(Anselm)後來所言：「信仰尋求理解」(*fides quaerens intellectum*)。

論到學習和成熟，希伯來書的作者有不少教導。我們的焦點會放在希伯來書五章11節至六章3節。我們將作相當詳盡的討論，但要記住，該書的作者認為整本希伯來書是「簡短」和基本的指導而已。以下是經文所說的：

> 論到麥基洗德，我們有好些話，並且難以解明，因為你們聽不進去。看你們學習的工夫，本該作師傅，誰知還得有人將上帝聖言小學的開端另教導你們，並且成了那必須吃奶，不能吃乾糧的人。凡只能吃奶的都不熟練仁義的道理，因為他是嬰孩；
>
> 惟獨長大成人的才能吃乾糧；他們的心竅習練得通達，就能分辨好歹了。所以，我們應當離開基督道理的開端，竭力進到完全的地步，不必再立根基，就如那懊悔死行、信靠上帝、各樣洗禮、按手之禮、死人復活，以及永遠審判各等教訓。上帝若許我們，我們必如此行。[1]

在五章11節勸勉的開始，作者指責收信的聽眾在聽道方面遲鈍呆滯，或用我們的話來說，他們的聽覺不靈。請注意在這背景下，教導具有口述和耳聽的特質。情況跟耶穌一再勸誡祂的聽眾很相似：「有耳可聽的，就應當聽！」儘管如此，希伯來書的作者仍迎難而上，在希伯來書六章的後半部分開始，把基督是屬天的大祭司這個更高深的教訓指導他們。可是在這裏，他以一個提醒開始，指出有好些話要告訴他的聽眾，但這並不意味著這些話容易解釋或容易理解，尤其是如果某些人在靈性上失聰，又或者有障礙阻止人清楚聽見，妨礙人掌握所聽見的話的含義。在全卷書，我們都聽見收信者有這種聽力缺陷（見來二1，三7～8、15，四2、7）。

上帝的道本身清晰是一回事，但聽者敏銳與否是另一回事。在整部新約，*nothros*（編按：「聽不進去」）這詞只在這裏和希伯來書六章12節（編按：《和合本》為「懈怠」）出現過；就是這詞的含義，使本段落的主旨有別於接下來的部分。事實上，希伯來書的作者可能正在思想以賽亞書五十章4至5節那段引人注目的經文，那裏道出「主耶和華開通我的耳朵」，或者正如我們可能會說，主清理我的耳垢。當這詞不是用來意指物質的屬性時，它的意思是愚鈍、膽怯、疏忽（見波里比阿〔Polybius；又譯波利比奧斯或波利比烏斯〕：《歷史》〔*Histories*〕3.63.7, 4.8.5, 4.60.2）。例如埃皮克提圖責備那些閒懶的人——這些人拒絕律己，並用他們自己的理性將之合理化（參《論說集》〔*Discourses*〕1.7.30）。在這個情況下，閒懶即怠於聆聽，雖然它並不意味著硬心，但作者害怕他們可能會朝這個方向發展——也許是由外來的壓力所驅使。

五章12節是個引人注目的評語：聽眾本該作師傅，而非接受教導。塞涅卡（Seneca；又譯塞內卡）也作出過類似的投訴：「你要做個初學者到何時？從今以後，你也要成為一名老師」（參《道德書簡》〔*Moral Letters*〕33.8～33.9）。這指出希伯來書的信眾已經做了基督徒好長一段日子，因此作者對他們感到惱怒。他們是時候長大成人，持之以恒。這一節，我們看見作者使用 *stoicheia* 這詞，整個短語乃是 *stoicheia tes arches*（編按：《和修》為「基礎的教導」），該處的意思曾引起極大的爭論。*Stoicheia* 這詞本身意指基本（rudiment）或組成部分，可以指一個單詞的一部分（一個字母，一個音節），或宇宙的一部分（例如一種元素、一種原始的組件）。第二種可能，正是這詞在《智慧篇》（*Wisdom of Solomon*）7.17 和 19.18 的意思。關於 *stoicheia tou kosmou* 在加拉太書四章 3 節和 9 節，及歌羅西書二章 8 節和 20 節的意思，有很多爭論，但很可能是指基本的教導。這樣的理解似乎特別符合歌羅西書二章 8 節的意思。但在任何情況下，*stoicheia* 跟 *arches* 聯繫在一起時，肯定是指首要的原則，或基本原理——就是他們在基督徒朝聖之旅開始的那天聽到的教訓。

有些類似的例子足以清楚顯示，這裏的意思乃是指基本的教導或原則，而不是指一些靈界存有（參色諾芬〔Xenephon〕：《回憶蘇格拉底》〔*Memorabilia*〕2.1.1）。另一個更加相關的例子，是昆體良（Quintilian；又譯昆提利安）在其著名的修辭研究一開始所提及的：「因此，我會讓一位父親從他兒子出生的那一刻起，對他的兒子寄予厚望。如果為父者如此行，他將會對兒子的教育基礎/根基加倍謹慎。有人認為只有少數人有能力吸收他人所傳授的知識，而大部人的領悟能力是如此遲緩，因此教育只是浪費時間，苦差一件。但這樣的反駁絕對沒有根據。相反，你會發現絕大部分人都敏於思辯，願意學習」（《雄辯術原理》〔*Orator's Education*〕1.1.1）。在這樣的語境中，「小學」（elementary principles）乃是指勸説藝術（art of persuasion）的入門指導，大概是「修辭初階」（progymnasmata）課程裏的一些元素。希伯來書的作者試圖令他的聽眾感到羞愧，促使他們更努力學習，這點從一個事實清晰可見：「奶」是給嬰兒的食物，但他的聽眾都是成年人；或換句話説，基本教育乃是為那些七至十四歲的人而設的。作者在此暗示成年人的舉止像孩子的行為一般，這絕非一種恭維。

可能有人會對 13 節存疑：「仁義的道理」（word of righteousness）或公義的教訓，到底是甚麼？有人可能會推測，這點與背道的主題有關，因為不一會兒作者便道出關於背道的重要講論。可是，在希臘—羅馬的處境下，學習公義的教導，意味著受訓分辨善惡（參色諾芬：《居魯士的教育》〔*Cyropaedia*〕1.630 ～ 1.631）。在修辭學的語境中，這説法是指到達一個成為修辭學家的「階段」（昆體良：《雄辯術原理》10.1.1；10.5.1）。14節認為基督徒的成熟，是擁有分辨道德善惡的能力，繼而能夠踐行公義之道，並且避免背道。

在六章1節，我們遇見一個有趣的動詞*pherometha*，可以翻譯為「進到」（move along），但也可以意指「被帶往」（be carried along）。兩者實際上都屬於在基督裏成熟之過程的一部分，就是朝卓越的道德與智性進發。希伯來書的作者希望他的聽眾記住他們在早期所學習的事物，例如在必要悔改時悔改。這些都是基礎。他更希望信徒們進到更高深的（more advanced）主題，在基本的學習上繼續深造。在這裏我們遇見的詞語是*teleiotes*，可以翻譯為「成熟」（maturity），但與英語相比，這個希臘詞語另蘊涵一種含義，就是抵達了一個目標，或是完成了某些一直努力爭取的事情，因此，有時候該詞會翻譯成「完全/完成」（perfection / completion）。在這節經文，作者心中朝向的是終末目標和狀態。「成熟的基督徒不僅應『咽下』乾糧，亦要在成聖的道路上跟隨基督，不惜一切代價。」[2]我們應該比較一下希伯來書三章14節和六章1節。

關於該怎樣理解「基督道理的開端」（the word about the beginning of Christ），存在著爭議。該句可以指向作者在希伯來書一章1至4節所說的，但這樣解釋似乎不符合此處的上文下理。根據馬可福音一章15節的「悔改，信福音！」，該句也可能指基督的基本道德教訓。這樣理解，跟六章1節餘下的內容相當一致。希伯來書作者假設此前，聽眾對歷史上的耶穌生平已有認識（來五 7～8），這大概包含了耶穌的某些教導。可是，這種「開端」的內容，是否等同於五章 12 節所提及的「上帝聖言小學的開端」（the elementary principles / teachings of the oracles of God）？

所有從《十二使徒遺訓》（*Didaches*）衍生的詞彙，都有可能被視為相關教導。希伯來書的作者必須再次強調，在那時，身為基督徒不僅要參與活動，亦要相信某些事情。早期的教義問答（catechism）談論的就是這些事情，而且我們知道在早期，教會對教義問答的傳授者（catechists）設定某種試用期。正如有人已經指出，這些不見得特別是基督教才有的要求，任何一個優秀的法利賽人都能列出這個清單。但值得注意的是，雖然基督教教導的主題，有許多跟法利賽人教導的相同，然而兩者對這些主題並沒有採取同樣的觀點。舉例說，對基督徒而言，相信上帝意即透過基督信靠上帝。復活不僅在歷史終結時發生，在基督裏已發生了。在早期猶太教，按手通常是為了祝福，或到了後期，也用來按立拉比；但在基督教，按手卻跟領受聖靈和／或承擔職事有關。

大多數解經家都假設六章 1 至 2 節的清單，指的是基本的基督教教導之主題；毫無疑問，這點是正確的，因為希伯來書的作者強調，他的聽眾從前已經聽過這些教導，因此需要進步，學習更高深的教訓。然而，這個由相反事物配對而成的清單的普遍特質（generic character），可說是耶穌自己的教訓的實質（substance）：

懊悔死行—信靠上帝

各樣洗禮的教訓—按手之禮

死人復活—永遠的審判

這裏提到的事，沒有一件是耶穌的教訓沒有涉及的，特別是如果我們把這兒提到的複數洗禮，理解成各種洗禮儀式，抑或更可能者，是指約翰的洗禮——相對於耶穌自己的門徒所施行的洗禮（見約三22，四2）。有觀察指出，這些議題全都有可能在猶太教會堂的教導下出現，這一點很準確；而且希伯來書的某些聽眾，可能曾經在會堂聽過這些教導，甚至有走回頭路、專注於這些事物的傾向——當他們欲回歸早期猶太教的庇蔭。這個清單呈現了某種進展：從基督徒生命開始的悔改，到末時死人復活後的最後審判。

可是，我們更加有理由主張，耶穌也曾評論和教導過這些主題。耶穌當然也曾經按手，這種儀式跟賜福、醫治，甚或委派做某些服事或任務有關。耶穌也肯定談論過將來的審判，以及將來的死人復活。我們在這裏擁有的清單，可以說是耶穌基本教導的速寫，後來被採納為教會的基本教導，並稱為「耶穌的教訓／道理的開端」。我們可以將此處跟十章22節對比，那兒很清楚指出不是水禮洗淨了良心，而是基督流出寶血，聖靈繼而引領我們接受恩典。無論我們認為這樣基本的教訓本質上是屬於猶太教，還是基督教，或兩者皆是，希伯來書的作者都希望他的聽眾能超越之，邁向成熟。

現在，任何一次過讀畢希伯來書的人，即使只有一次，都會知道當問題涉及研究和學習、聆聽和學習的時候，實際上該書的作者對他的聽眾有很高的期望，他無法只滿足於，或容許他的聽眾滿足於單單相信和認識那些起初使他們成為基督徒的事物。相反，作者辯稱他們必須投身持續的學習，好叫他們在基督教的教訓和上帝的話上長進；但他害怕的是，他的聽眾不單沒有透過進一步學習成為更成熟的基督徒，反而身陷倒行逆施的險境。

今天，可悲的情況是，當問題涉及基督教信仰和認識上帝的話，很多基督徒的靈性、智力、情感都受困於一種嬰孩狀態。希伯來書的作者極力爭辯，單單與上帝建立正確的關係並不足夠，一個人在悔改之後的靈性成長和健康，關係重大，不可或缺——如果這個信徒不僅要邁向成熟，避免背道，並且有一天要追隨基督進入國度（見來十二1～4）。

希伯來書的作者認為，研習會促進一個人的靈性健康，事實上亦跟一個人最終得享救恩與否有關，或者說，至少研習有助於避免背道。更多的研究，更多的學習，這些並非僅為較熱心的基督徒而設的額外選擇。如果今天的牧者要從希伯來書學到教訓，那就是：牧者的工作不是把福音簡化成嬰兒麥片或嬰兒配方食品。牧者的工作是使人沸騰起來，叫他們在基督裏成長——透過更多學習上帝的話，認知他們自己的信仰。此外，牧者在終身學習方面，有責任樹立良好的榜樣，還要向成熟的基督徒確實教導和傳講他所學習到的。如果今天的講道真的像希伯來書的話——它是一篇完整的講章——很可能我們教會內不成熟的基督徒和聖經文盲會大大減少。

口述文化中的研習

談到讀聖經，我們經常犯的其中一個錯誤，就是處理經文時，我們假設聖經時代的文化和我們的文化一樣。但事實上這種想法並不正確。在聖經的時代，社會的識字率最多只有大約百分之十五——如果識字的意思是指能夠書寫。如果把那些在某程度上能閱讀，但要依靠文士幫忙書寫的人包括在內，我們最多能把識字率提升至人口的四分之一。對於詩篇一一九篇或十九篇，或希伯來書五至六章這些經文，我們該問的適當問題是：神聖的文本（sacred texts）怎樣在一個口述文化中發揮功用？如果人們無法讀寫，他們怎樣學習？

在古時的口述文化，學習和研究的方法並非埋首於蒲草紙堆苦讀。絕大多數人無法這樣做。這不僅因為他們的閱讀能力充其量極有限，更因為古代文獻大多以 *scriptum continuum* 的方式書寫——連串的字母，不分成單詞、句子、段落，極少甚或沒有標點符號，而且完全不分章節。有許多人研習他們的宗教傳統，但社會的識字率卻極低。他們是如何研習的？

首先，他們有教師教導他們全神貫注地聆聽，記住他們接受的教導，然後背誦。他們不靠蒲草紙做筆記，而是將學到的存在心中，就如詩人所說的。在那樣的文化中，身為門徒首先意味著要聆聽。在口述文化裏，我們明白為甚麼耶穌會對門徒說：「有耳可聽的，就應當聽！」在古時，絕大多數人無法閱讀以 *scriptum continuum* 方式寫成的文獻。古時的識字者除了教師、智者、抄寫大部分經卷的文士，還有「讀者」(readers)，我是指讀經者(lectors)，這些人有能力閱讀這些古籍，並蒙委託做這事。讓我們思想兩個出自聖經的例子。

由於新約偶然提到「讀者」，有些學者認為這證明基督徒屬於首批自覺地嘗試製作「書籍」(books)的人，甚或創作文學，供人閱讀。例如，馬可福音有時被稱為第一部基督教書籍，很大程度上是建基於馬可福音十三章14節，在那裏我們看到附加備註：「讀這經的人須要會意」。人們於是假設句子中的「讀……的人」就是聽眾。但讓我們來審視一下這個假設。

在馬可福音十三章14節和啟示錄一章3節，當中最重要的希臘詞語是 *ho anaginoskon*，很清楚是指一位讀者；在啟示錄一章3節，這位讀者跟聽眾很明顯地被區分開來，而聽眾被稱為聽見約翰預言的人(複數！)。正如威爾遜(Mark Wilson)在以弗所一次公開演講中所提出的，這點肯定極有可能意味著那個讀者實際上是讀經者之類的角色，此人會向不同的聽眾大聲朗讀約翰的啟示錄。[3]我們曉得一個事實：約翰乃是向小亞細亞的幾所教會說話（見啟二～三章），因此主張啟示錄一章3節中提到的單數「讀者」是指聽眾，可說相當不合理。這個名詞必定是指那位朗讀者或讀經者，他口頭傳遞約翰的論述給那羣聽眾。

對於馬可福音十三章14節的那個附加備註，我提議應該作出相同的結論；因此亦意味著，就連馬可福音也不該被視為一份供私人閱讀的文本，更遑論第一本真正的現代「文本」或「書籍」了。相反，馬可乃是提醒那位讀經者——他將會在某幾個場合口頭傳述這部福音書，那時聖殿被毀這令人深惡痛絕之事將會或已經出現——要幫助聽眾理解耶路撒冷的聖殿被毀一事的本質。口述文本經常包含這類提示，以提醒傳遞論述的讀經者。

聖經的文本是口述文本，意思是說，一開始這些文本就是為了讓人聆聽，讓有能力閱讀的人朗讀出來。在那樣的情況下，教育的方式是聆聽者把所聽到的，或別人向他們多次重述的內容牢記。研習的方式是跟一位教師和一位讀經者——如果有需要的話——一同進行。除了低識字率之外，還有其他原因令古時的研習主要靠口述和聆聽——那時候，製作文件是個緩慢又昂貴的過程。

蒲草紙昂貴，墨水昂貴，僱用文士也昂貴，加上書寫一份詳細的文獻——例如希伯來書的長度——可能需要相當長的一段時間。這樣看來，在猶太背景下的學習，絕大部分都是靠死記硬背完成的。這一點解釋了某些我們在福音書裏觀察到的現象。例如我們從未見過有經文提及當耶穌說話時，有抄寫員坐在旁邊做筆記。為甚麼沒有呢？一方面，絕大多數門徒可能都無法負擔蒲草紙的價錢，或寫字所需的花費。但他們並不是文盲。他們仍能學習，在一定程度上仍能閱讀。

然而，重點乃是，他們通過聆聽並重述他們所聽見的來學習和研究。論到教師和他們的門徒，有一句著名的早期猶太諺語這樣說：「我們該用甚麼比喻一個真正的門徒呢？」「他就像個塗抹過灰泥的蓄水池，從不漏失半滴師傅的教訓。」這怎麼可能呢？在某些情況下，只靠把學習得來的東西存記在心，並經常背誦就能做到。很有趣，古時的「家庭教育」（home-schooling）的關鍵，就是僱用一個 *paidagogos*，意即有文化素養的奴隸，他不僅負責接送年輕的少主上學讀書，也陪少主在家背誦學過的課程，直到後者把內容牢記於心。我們該強調最後這一點。即使在家，學習和教育也涉及背誦課堂內容、諺語、故事、律法，並記住這些內容。這讓我想到我們當前的教學處境。

也許，在這樣一個人們不想閱讀但卻需要學習上帝的話，好更認識上帝的時代裏，重拾基本的記憶和背誦方法，作為整體教學法的一部分，這樣做可能是明智之舉。也許，我們需要停止試圖娛樂我們的會眾和學生，回到從前，確保他們至少確實學到聖經內容。也許，將視像學習技巧和記憶法結合使用，可以成為基石，幫助更多人開始把上帝的話存記在心。這點值得我們深思細想。

我認為詩篇一一九篇很清楚指出，詩人相當肯定其中一個使他在道德上保持正直的原因，就是學習上帝的誡命。不錯，他亦向上帝祈求額外的幫助，保守他的道路正直，但這篇詩歌的明確信息是，你對上帝的話所知愈少，你就愈有可能或有能力合理化不當的行為。我們今天身處這個大部分人都不讀聖經的時代，這篇詩篇又告訴我們甚麼呢？我們似乎不會想到，不讀聖經與我們的行為之間有甚麼關係。重點不只是知識就是力量，而是責任隨著知識而來。重點是，當上帝的話存在人的心裏，就會發揮轉化的功效——影響我們的思想、態度、言語、行為。

這個現實情況還有另外一面，就是希伯來書四章 12 至 13 節所描述的：「上帝的道是活潑的，是有功效的，比一切兩刃的劍更快，甚至魂與靈，骨節與骨髓，都能刺入、剖開，連心中的思念和主意都能辨明。並且被造的沒有一樣在他面前不顯然的；原來萬物在那與我們有關係的主眼前，都是赤露敞開的。」希伯來書的作者不是在談論那成文的上帝的話，而是出自上帝的口述言語；不管如何，他是在說，當上帝的話進到人裏面，就像一盞探射燈，揭露我們內心深處的思想和罪污，並說服我們承認自己做錯了甚麼。認識上帝的話和旨意，使我們為自己的思想和行為向上帝負責。這段經文有趣的地方是，上帝的話基本上等於上帝的眼睛，能搜索出我們內在深處的一切，或者用作者的其他類比來說，上帝的話就像一把兩刃的劍，能直達問題的根源。

事情的另一面同樣明顯：隨著知識而來的，是更大的責任，而且實際上帶來更多被定罪的可能（當我們偏離正道時，上帝用祂的話指出我們有罪）；可是另一方面，無知並不是福，雖則當人被判刑時，無知可作為減輕罪責的理由。例如試思考耶穌在十字架上為那些折磨祂的人所說的話：「父啊！赦免他們；因為他們所做的，他們不曉得」（路二十三 34），或使徒行傳開首（徒一～五章）的主題，在那裏，彼得提到猶太人的權貴把耶穌交給羅馬政府是出於無知，這點顯然是個減輕罪責的理由，好讓他們有悔改和相信福音的機會。或者讓我們再思考耶穌在約翰福音九章 41 節說的話，就在法利賽人發問「難道我們也瞎了眼嗎？」之後，耶穌回答他們：「你們若瞎了眼，就沒有罪了；但如今你們說『我們能看見』，所以你們的罪還在」。顯而易見，知識愈多，責任愈大，或者在這個情況下，如果你聲稱「看得見」的話，你就要為自己負責——不論你是否真的看得見。或許，這裏的教訓乃是，當問題涉及有關上帝和祂的道路的知識，只認識一點點卻言過其實，是件很危險的事情。

上述對於希伯來書、路加福音、約翰福音所作的討論，其中最有趣的地方，或許就是這點：罪兼具神學性和道德性，而使人免於犯罪所需的知識，也同時具備神學性和道德性。但更深層次的議題乃是，一個人在有所知的情況下是怎樣反應的，到底知識是否將一顆硬心、石心，轉變成一顆極度渴望上帝、努力認識上帝、討上帝喜悅的心？最終關乎的是靈性的轉化，而研習與認知是通往此轉化的其中一個關鍵。當一個人開始走在正路，研習與認知是其能神學地和道德地繼續走在這條正路上的關鍵。

如果我們把基督徒的生命視為一個持續的旅程，就會明白，我們每天都面臨許多條不同的路，要選擇怎樣走。我們不是在開始時才需要全球定位系統（GPS）指引我們走上正路。我們這一路上都需要這樣一個儀器，以確保自己走在正路上。換句話說，如果我們想達到國度的目標並通過窄門，我們必須持續研讀上帝的話和親近祂。我們亦必須在基督裏成長和成熟，正如希伯來書五至六章所提出的，使我們在生命中，為人生的抉擇作更好的判斷和選擇。

現代人往往把教育理解為人生旅程的一個階段，受教育後便去謀生。聖經卻教導我們，認識上帝和祂的旨意，永遠沒有完成的一天，我們永遠需要更好的指引，好叫我們知道今天、明天或後天該走哪條路。研讀上帝的話和祂對基督徒的旨意，這不是純粹追求深奧的知識，而是在基督裏成長的必要途徑，它使我們走在正確的方向，成為我們本應成為的，就是全然與基督的形象一致。

總結

最後，這帶領我們來到終末式學習觀（an eschatological

vision of study)。保羅在哥林多前書十三章告訴我們，那日必要來臨，到時我們所信的將會出現在眼前，盼望將會得到實現，並且將要知道一切，就像上帝深知我們一樣。獲得救恩遠不止於知道，尤其如果我們所謂的知道，乃是指「知道關乎」上帝的事情(就連污鬼也知道一些關乎上帝的真理，但這些真理並沒有轉化他們)，而非跟上帝有親密的親身經歷。不過，聖經告訴我們，終有一天我們會面對面看見上帝，我們將會知道祂，正如祂知道我們那樣徹底。有些基督徒較聽天由命，當他們讀到哥林多前書十三章時，就下結論說，我們現在真的不必研究和學習上帝的話；重要的是我們對上帝的親身經歷，因為畢竟，當我們進入永恆，在一剎那間，我們便會知道上帝，像祂知道我們那樣。因此，在此時此地的一切學習，又有甚麼意義呢？

可從幾方面回答這個問題。當我們與耶穌面對面相見的時候，難道真的希望聽到祂這樣對我們說：「真遺憾，當你在世上服事我的時候，你沒有給我更多空間作工，因為你太懶惰，沒有勤奮研讀上帝的話」？又或者，你希望聽見祂說：「好，你這又良善又忠心的僕人，來承受上帝的國」？學習能夠令一位基督徒在此時此地為主做一個更有用的僕人——一位更好的見證人、一位更好的老師、一位更好的傳道人、一位更好的查經組長、一位更好的青少年工作者。你該想像得到那幅圖畫。

要在此時學習，而不是等到終末我們知道一切之時，或是在天堂之際（順帶一提，啟示錄六章指出，即使在天上，殉道者們仍然會提出問題，例如：「主啊，要等到幾時呢？」）的第二個理由，正如詩篇一一九篇所強調的，一個人愈明白上帝的話，那人就愈少機會誤入歧途，又或者此人故意走入歧途的可能性較少——假設其他一切因素相等。將上帝的話記在心中，並不能完全杜絕游離的思緒或脫軌的行為，但正如希伯來書所說，上帝的話是探射燈，能叫我們知罪，且使我們信服。還記得我們較早前討論的那位拜訪克拉多克的年輕女大學生的故事嗎？最後，關鍵是：我們想討上帝喜悅嗎？如果我們最深切的渴望是討上帝喜悅，那麼當上帝的話告訴我們，我們要投身於勤奮的研讀、學習、牢記上帝的話，為甚麼我們會輕率地對待這些命令，彷彿它們並不那麼重要似的？

有一次，在新約導論的課堂後，有個學生滿懷挫折地向我走來，他說：「我不明白，為甚麼我需要學這一切關於歷史、考古學、文學的東西，因為只要當我站上講壇，聖靈便會賜我該說的話。」我的回應是：「是的，你可以那樣做，但如果你沒有提供更多空間讓聖靈工作，那麼將很可惜。」我想在這裏補充，這樣之所以可惜，是因為他不願聆聽聖經吩咐人要研讀聖經的一切勸勉，因此沒有意識到這是個討上帝喜悅的好辦法。如果最大的誡命乃是要我們盡心和**盡意**（all our minds）愛上帝，那麼盡意愛上帝，就必然包括畢生勤奮研讀上帝的話，好叫我們每天更清晰地看見祂，更深地愛祂，更緊密地跟隨祂。那樣，當我們真的與上帝面對面，當我們所信的成為我們所知的，這就意味著我們完成了一段漫長的旅程——正如畢德生所說，這是向著同一方向的持久順服。如果最終我們受到許多訓斥，我們不必為此感到太驚訝。耶穌在十字架上受死，不是為了給我們懶於追求、認識上帝的理由，以為救恩已是我們的囊中物。祂來，教導我們登山寶訓，不是為了方便我們在律法和恩典之間、信心和順服之間、信心和知識之間，作出不實的分割，彷彿只有恩典和信心才要緊。這種說法不是在傳福音，這是在扭曲福音。因此，讓我們再次聽聽詩人的話。

「遵守他的法度、一心尋求他的，這人便為有福！這人不做非義的事，但遵行祂的道」(詩一一九 2～3)。然後，詩人問：「少年人用甚麼潔淨他的行為呢？」他接著回答：「是要遵行你的話！」(詩一一九 9)。這就是為甚麼他隨即說：「我將你的話藏在心裏，免得我得罪你。」研究、學習、牢記、把上帝的話藏在心裏，是要讓上帝的審察之光進入我們的內心深處。這是令我們免於犯罪的關鍵，是親近上帝的方法，是討上帝喜悅的途徑，顯明我們對祂的愛，並且為將來與上帝面對面相見做好準備，**以致當我們最終看見主的時候，能夠辨認出祂**。在國度來臨的亮光下思想研習這回事，就會清楚看見，我們現在學習，是為了他日得到認可。但它也提醒我們，如果我們希望自己的生命和事奉滿有能力與權柄，那麼對上帝和祂的話有深入和持久的認識，是最好的方法。而這一點，坦白說，需要朝聖者投身於終身學習。

5

性與上帝之城

性是世上最美妙的事物——只要上帝身處其中。但當魔鬼侵入性的領土，它就變成世上最可怕的東西。

葛培理（Billy Graham），

《照我本相：葛培理自傳》（*Just as I am*）

以下明顯是個混亂的信息。我初中時的青年小組組長，竭盡全力向我們解釋基督教的性觀點，但他卻顯得非常吃力。也許，艱難之處是，他同時在講兩件互相矛盾的事情。一方面，他想說性是從上帝而來的一份美好禮物。另一方面，我不斷聽見他其實在說：「性是骯髒的；把它留給你真正愛的人。」如果這不是混亂的信息，我不曉得怎樣的信息才算混亂。

似乎教會太常犯的一個錯誤，就是誤解聖經對於性的教導。事實上，聖經對此主題說過許多話。教會甚至曾為舊約的一部書卷——雅歌——感到尷尬，並且把它寓意化：基督是新郎，教會則是新娘。不幸地，這種巧妙的逃避方式，完全不是解釋這首美麗詩歌的合宜途徑。不！雅歌是首適度地表現性愛的情詩，關於一位君王，與他對一位女子的愛。如果這首情詩使我們感到尷尬，這便意味著我們的觀點跟聖經的性觀點並不協調。

但有一種差異，存在於上帝賜給我們的一些屬地的美善事物，如性交（sexual intercourse）和婚姻，以及一些永恆的美善事物——就是當國度在永恆中降臨，會繼續成為生命一部分的事物——之間。有些美善的事是有時間限制的，有些美善的事是永恆的，性交屬於前者。但這樣完全不會減低性的重要性，以及性作為人世間生活之美善的一部分。上述差異能幫助我們把性正確地定位。性不是生存的終極目的。在國度裏的生活不再包括嫁娶或性。我們不再需要這些。我們將會在自己與上帝之間、在自己與其餘的國度子民之間，享受合一、相交、福樂、出神狂喜。在某種意義上，我們就像跟當中每個人都結了婚那樣，或更好的說法是，我們全都屬於一個家庭，全都嫁給了新郎基督。我們將在本章末更詳細地討論這點，在此之前，要先談談一些其他重要的事情。

性神

多年來，已經有很多書討論基督徒與性的關係，但近年最受關注的一本，是貝爾（Rob Bell）的《性神》（*Sex God*, 2007）。因此，這本書是個好的起點，讓我們透過跟此書作深入交流，進入目前的討論。

關於書名「性神」，我們需要弄清楚的第一件事，就是貝爾不是在談論某些古代近東主宰豐收生育的神明，像巴力（Baal）或亞斯他錄（Astarte）。他談論的是性慾（sexuality）與靈性（spirituality）之間的連繫，前者怎樣以種種方式影響後者。這是個深廣的主題，也很值得探究。我自己觀察到的是，人的靈性與人的性慾之間，有一條微細的界線，有時候人們會將這兩回事混淆並混合起來。一個人在愛慾（*eros*）方面富激情，亦傾向在神聖的愛（*agape*）方面富激情；因此聖經中才有某些關於性的警告字句。當你要人為愛上帝**和鄰舍**發熱心時，他們也可能同時對性發熱心，這是可以理解的。

貝爾的著作的序言，奠定了整本書的基礎和「這就是那」（this is that）的原則。貝爾指向一些事物，例如一堆椿立的石塊，或古老的紀念碑之類的東西，它們本身沒太大的價值或意義，但它們指向其他能提醒我們的事物。貝爾沒有輕視人類擁有性慾之事實或性慾的美善（該書所做的正好相反），他想說的是，「性」指向一些更宏大、更屬靈的事物，關乎人類和實在（reality）。首先，性指向一個事實：我們乃是照著一位具創造力和活力的上帝之形象而受造。實際上，我們被造成男性或女性，是為著對方的緣故，也就是說，我們被造，其中一個原因，是為著兩性之間的結合，為要成為一體。上帝的形象本身不是兩性各異，而是兩性相連。

《性神》第一章題為「上帝塗口紅」（God Wears Lipstick），此標題從不同方面而言皆強而有力。在這一章裏，貝爾論到人類被約化成次人類（subhuman）的原因，也論到賦予我們人性的事物。他有力地論證了我們的文化如何鼓吹我們把女性物化，將擁有性特質的人（sexual persons）當作性物件（sex objects）。當然，如果人類墮落後，男性對女性的身體沒有慾念的話，這種約化主義（reductionism）就不太可能發生。然後，現實的情況變得很壞，因為你甚至可以從男性看女性的方式，察覺到這一點。男性往往先看女性的胸部，然後才看她們的臉，他們先關心自己想要甚麼，然後才關心自己想找誰。當另一個人被當作達至某個目的的手段，為滿足一己私慾，那麼我們正在處理的就是慾望（lust），而不是愛。我們的文化不太懂得分辨兩者。很多時候我們聽到有人說：「我們在戀愛」，但事實上他們的意思是：「我們在發情。」

貝爾與那些蓋亞神學家(Gaia theologians),甚或一些主張巫術崇拜(Wicca)的人不一樣,他正確地區分以下兩者:照著上帝的形象(上帝的形象沒有性別之分)受造,以及被造成男性和女性。上帝不是一位高居天上的偉大白種男人。事實上,耶穌在約翰福音四章告訴我們,上帝是靈(spirit)——不是指聖靈(The Spirit),而是靈。也就是說,上帝是一位非物質的存有;但由於性別需要一種存在的體現(an embodied existence),而上帝的神聖本質中沒有性別,因此我們無法照著上帝的形象作「男性和女性」。無疑,聖子在某個特定的歷史時刻披上了人性,但就連**祂的**神聖本質也不帶性別。上帝——聖經中的上帝——的神聖本質沒有男女之別。[1]

貝爾說了個引人入勝的故事,是關於一個二戰期間被關在貝爾根—貝爾森(Bergen-Belsen)監獄的女人。當一個人被剝奪了所有財產和尊嚴的時候,即使是一丁點正常的生活,都有助他/她保持人的身分。因此對這位女士而言,簡單如口紅,也能使她再次感到自己是人類,是個有價值的人。我們需要一些事物保護我們,不讓世上某些勢力剝奪我們的人性——戰爭便絕對會剝奪人性。但奇怪的是,另外還有些事情會剝奪我們的人性,就是貶低一些神聖的事物,比如說性。你可能會認為,我們擁有愈多元的性,就愈擁有真實的人性。但事實上,如果你跟一名妓女談話,她會告訴你相反的情況。她已經變得麻木;一個聖禮已經被褻瀆。更多的性行為並沒有使她成為真實的人,而是剝奪了她真實的人性和尊嚴。

《性神》第二章題為「內在性感」(Sexy on the Inside)，貝爾在開始時有個有趣的觀察，就是有許多沒有宗教信仰的人，都感到這個世界現今的模樣，不是它本該呈現的樣子，而我們都應該跟其他人以及世界連繫起來，不應彼此苦待。這個觀察再真實不過，我也曾聽人這樣說過。我會把這種現象歸因於一個事實，就是那些即使遺忘了上帝的人，仍是照著上帝的形象受造，偶然也有**恍然大悟**的時刻——當這類洞見臨到他們身上之時。這一章主要談論我們感到與地土、與其他人處於一種分離的狀態，這種情況又可追溯至亞當和夏娃的故事，故事中的咒詛包含了我們與地土之間、男人和女人之間的分離。

貝爾提供了「性」(sex)的有趣詞源，它來自拉丁文 *secare*，是「切斷」(cut off)的意思(從這詞衍生出英語的**教派**〔sect〕、**一分為二**〔bisect〕、**派別的**〔sectarian〕等詞)，而 *sicarri* 即配帶匕首的男士，是早期猶太人中的奮銳黨人士(Jewish zealots)，他們「中斷」其他人的性命。接著，貝爾說：「我們的性慾令我們意識到我們如何深深地被割離、被切斷、被分開。其次，我們的性慾乃是我們盡所能嘗試重新結連的辦法。」[2]

貝爾認為創世記中，亞當的自我意識(self-awareness)，牽涉到與上帝分離的感覺，以及只專注在自己身上。實際上，貝爾希望賦予性慾一個廣泛的定義——性慾是我們盡所能嘗試與他人、與上帝、甚至與地土重新結連的辦法。依我所見，這樣定義過於廣泛。我們渴望與上帝合一，並不出於性慾。事實上，我們渴望與創造和地土有合一之感——正如我們在詩篇八篇所看到的——並非出於普遍定義的性慾。可是有一點是正確的，就是我們的性慾是人性觸覺的一部分，這觸覺促使和推動我們與「他者」(Other)接連。我認為貝爾乃是混淆或結合了兩種觀念，一邊是與他人或他物有深刻的親密和合一的感受，另一邊是性慾的概念。實際上，親密與相交比起性，是更廣闊的範疇。

但是，貝爾有一點說得很對，就是有很多的身體接觸，包括性交，是甚少或全無真實結連的。可是，請等一等，為何保羅在哥林多前書五至六章提到，就連與妓女發生性關係，都會與她成為一體？保羅在那裏指的是，這既涉及性慾，亦牽涉到靈性，因此會介入你與耶穌在靈裏的合一。可是，我認同貝爾的論點，就是如果你跟一個人有性關係，但你們並沒有結婚，彼此沒有信任交託，這樣的性行為只會置你於孤獨的狀態，使你孤單，不會感到完滿。

我認同把「覺得性感」(feeling sexy)理解為對於自己的各方面，包括外形體態等等都感覺良好。但我不認同我們必須首先跟自己和好，才能跟上帝結連。這樣說是本末倒置。事實上，我相信當上帝跟我們和好，並救贖我們之時，就是我們剛開始明白我們是誰和我們屬乎誰的時候，並開始跟自己和好。不錯，如果我們不願改變自己的失調問題

（dysfunctionality）和不健康的自我形象，我們永遠不會充分獲益於與主的關係，永不會整全、得著醫治。可是，也有許多基督徒儘管對於自己的本相一直感到非常不自在，不滿足自己當下的狀態，但卻仍然跟上帝保持深厚的關係。

在《性神》第三章「天使與動物」（Angels and Animals）當中，貝爾開始處理基本的問題——或更好的說法是——我們的本能（basic instincts）。他仔細破解一些迷思：（1）我們只是我們的衝動或慾望之總和；（2）禁慾某程度上限制了我們的自由，甚至是對自己不誠實；（3）我們只不過是動物，因此很難不像動物那樣行動。我特別喜歡貝爾做的一個對比，就是對比性衝動下的獅子與人類（顯然，前者不會思想：「我們的關係有意義嗎？」或「我能不能信任你呢？」或「你為甚麼說我只想要你的身體？」）。我很認同，絕大部分現代思想都錯誤地假設人類不能超越他們的本能，並認為假如人類抑壓這些本能，便會感到不完滿，變成不健康的人。貝爾還討論到，生活在一個嘲笑純潔和貞潔的文化裏，會遇到甚麼困難。

然後，他轉而討論天使的本能（angel instinct），這裏所指的是一種不承認人類身體和性本質的心態，以及這種心態對我們的思想和行為所產生的影響，它甚至不承認我們的性慾對我們人之身分至關重要。[3] 對此，我同意他的看法，而他的基本論點乃是，我們必須活在動物本能和天使本能的張力之中。可是，他的論點有美中不足之處。

貝爾說得對，天使的本質是靈（spirits）。然而，早期的猶太傳統認為，天使也可能有男女之別，而且事實上，他們甚至有可能與他人發生性行為。例如，傳統上人們對創世記六章1至4節的理解，是個關於天使的故事（在這裏，他們被稱為「上帝的兒子」，這稱呼亦見於其他經文），他們跟人類的婦女交合，生出一種介乎天使與人的可怕混合體。正因為這件事嚴重違反了創造秩序，因此觸發了創世記六章記載的洪水。再者，耶穌曾說過一句我們極熟悉的話：「人也不娶也不嫁，乃像天上的使者一樣。」這句話指的是結婚，而非性行為，雖然兩者是相關的。耶穌的重點乃是，在來世的生活裏，我們不再有任何新的婚姻關係。在這方面，我們會像天使那樣，不是沒有性別，而是不會結婚。根據猶太傳統的記載，天使並沒有結婚。

貝爾的另一個不足之處，是關於他對天使的論述。他說，如果我們不表達我們的性慾，如果我們只是抑制自己的性感受（sexual feeling），那麼我們就是在壓抑自己。這種說法是傳統的現代心理學觀點。但是，我們該如何看待那些蒙上帝呼召過獨身生活的人？他們仍然有性感受。雖然這些人可以談論這些感受，卻不可有任何性行為。這樣行，是否算是靠著上帝的恩典，循健康的途徑來壓抑或約束自我？在這裏，我想起保羅在哥林多前書七章的建議。

保羅指導一對定了婚的男女，要他們維持身分，就是要保守他的未婚妻的處子之身；假如他不能克制自己，他便該提前跟她結婚。與其慾火攻心，倒不如嫁娶為妙。但保羅顯然相信，像他那樣能夠、並且實際上在約束自己的人，是能維持獨身，並避免發生性行為的——雖然這些人需要上帝的恩典保持貞潔，但他不認為這樣做是性壓抑。我相信，耶穌也不會這樣想。但是，我非常喜歡貝爾結束這一章的方式，他提到我們永遠都身處一個從混亂中創造出秩序的進程。創造的進程仍在發展，我們對此有可貢獻的地方。

《性神》第四章的標題富挑逗意味，題目是「皮條、鞭子、水果」(Leather, Whips, and Fruit)，處理的是淫慾(lust)的骯髒話題。貝爾認為淫慾應許一些它無法兌現的承諾。在這一章，貝爾的其中一個論點乃是，淫慾源自一個人對自己的人生或景況深感不滿。他將淫慾跟感激之情(gratitude)對照，這點很有意思，因為有助我們區分淫慾與慾望(desire)。淫慾是罪；但慾望卻不一定是罪。

在這篇很有幫助的討論當中，貝爾告訴我們 *epithumia* 這詞的意思是「在思想中」(in the mind)。其實不然。這詞的意思是「在烈怒中」(in fury)或「在怒氣中」(in rage)(即被激怒了)，所指的是深刻的感受，不是深刻的思想。可是我卻喜歡貝爾給自由下的定義——不是有能力擁有我們渴求的東西，而是縱使得不到所渴求的東西，仍能處之泰然地活著。[4] 他基本的建議是，要把我們的慾望和精力導向積極美好的事物。這其實是個非常普通的建議，但不失為有智慧的建議。例如，強迫症可以是禍，也可以是福。一個人懂得把它導往正確的方向，可以成就很多事情，而且做得好、井井有條、準時完成。但若引導到錯誤的方向去，可能會導致貪婪，覺得要擁有整套書，少一本都不行，或要收藏麥當娜（Madonna Louise Ciccone）所有唱片，諸如此類。生命不是關乎降低我們的精力，而是要讓我們的慾望被更高、更大的慾望、事業、機會吸納。

《性神》第五章闡釋何謂愛，貝爾在此處非常有效地詮釋了雅歌的故事——這首詩宣揚，在恰當的處境下，有關性的慾望和表達是件美好的事情。可喜的是，貝爾並沒有把這個故事，轉變成一個關於基督與教會的寓意（allegory）。貝爾還探索上帝對我們的愛，專注於上帝怎樣悲傷、心疼、痛苦——正如創世記六章所言，祂後悔創造了人類。貝爾其中一個更有幫助、更深刻的見解，是他指出愛是放棄權力，變得易受傷害。[5] 這也適用於上帝嗎？貝爾的答案是肯定的——看看耶穌便曉得。他補充說：「愛是放棄控制，面對他人時放棄控制的慾望。此兩者——愛，與控制他人的權力——互相排斥。如果我們認真愛一個人，我們必須交出心裏想操控此關係的一切慾望。」[6]

這樣理解愛，有兩個非常顯著的含義：（1）如果貝爾正確的話，那麼愛從來都不是權力的行使，從來都不是無法抗拒，甚至連上帝的愛，也是如此。這種見解幾乎排除了某些對於愛和上帝的加爾文式觀點。保羅說，愛不求依照自己的方式（林前十三章），耶穌向我們展示了這就是上帝愛我們的方式。（2）這樣給愛下定義，亦意味著我們在婚姻中要犧牲，並且視配偶比自己重要。我必須承認，這一方面我的妻子做得比我好多了。這樣給愛下定義，排除了父權制度下的舊思想。

當我們講到基督徒的愛，正如以弗所書五章21節所說的，全都關乎彼此順服，為對方犧牲，彼此服事。我們必須緊記，保羅在他的家規（household codes）中，嘗試把現存的父權制度狀況——這是實際的生活情況——推往更接近基督教的方向。在以弗所書五章21節，我們可以瞥見它如何發展，並且這種關係達至的至高和至好狀態。保羅相信，福音的酵正被置入基督徒羣體和他們的關係，使信徒羣體離開墮落的父權世界之秩序，到達更平等的關係中。

貝爾相當有力地指出，愛對於上帝也是一種冒險，因為我們有可能對祂作出負面反應。他強調，耶穌的死，對那欺壓人民的統治體制發出一種譴責。在這裏，貝爾的話聽起來有點像克羅森（John Dominic Crossan）的主張，但我認為他說的至少有一部分是正確的。在此章結尾，有句引人注目的話：「上帝能夠做任何事情（anything）——就是這一點令上帝是上帝。但上帝不會做每一件事（everything）。上帝不會強迫我們愛祂——這是我們的選擇。」[7]

事實上，上帝能夠造出一個截然不同的世界，把我們**造成只**會對祂作出正面反應。但貝爾的觀點似乎是說，只要涉及強迫，不管那成分多麼微小，都不是愛。愛，既不能預定，也不能強迫。我同意，而且新約從來都沒有說上帝是權能(power；名詞)，雖然說過上帝是全能的(almighty；形容詞)。另一方面，聖經絕對說過上帝是愛。上帝之所是，上帝之本質，就是愛。正因此，耶穌是至清晰、至高、至有效、至強大的啟示，揭示神性的本質。上帝曾刻意限制自己，為要在耶穌的位格中披上肉身、經歷苦難、體會死亡，寫就一封給人類的情書。我想起斯塔德特一肯尼迪(Geoffrey Studdert-Kennedy)那首感人的詩《上帝的悲痛》(*The Sorrow of God*)，內容大體上是說，當我們受苦時上帝也在受苦。在往大馬士革的路上，耶穌向掃羅說的話，讓我們看到這一點：「掃羅！你為甚麼逼迫我？」耶穌說的「既做在我這弟兄中一個最小的身上，就是做在我身上了」也讓我們看到這一點。上帝不僅體恤我們，祂也曉得我們的痛苦，以神祕莫測的方式跟我們同受苦難。

《性神》第六章「死也願意」(Worth Dying For)，可能是貝爾所有書中，寫得最好的一章。他很明白，要解釋聖經中提及順服的經文有何難處，但他很專業地處理了這個問題。他正確地強調，彼此順服乃是以弗所書五章21節呼籲所有基督徒在一段關係中要持守的，而基督徒的夫妻關係特別能說明這一點。丈夫的確被稱為頭，但作為頭要負責的工作，乃是要帶頭服事、犧牲、愛人，正如基督那樣。如果這不算自我倒空與順服，我不知道怎樣才算。貝爾補充說：「丈夫等待妻子順服自己，實在是種失敗的領導方式⋯⋯如果他真的認為自己是頭，他便會捨棄自己的慾望、需要、計劃。他會向自己要控制一切的慾望死，並盡一切可能服事她……他會向自己死，好叫她可以活著。」[8] 正是這樣。現在就是時候，讓我們拒絕那種非基督教的廢話，以為女性要單方面順服男性——不管是在教會、婚姻、事奉之中，還是一般情況。接著貝爾補充：「在婚姻中，惟有當整段關係的核心部分瓦解了，才會談及權力與控制。」[9] 不錯，這點正確。也許，兩人從來都沒有全然交出自己，從未完全信任對方，所以他們仍為此關係的局面和界限討價還價。也許其中一方，或雙方都沒有安全感，害怕這段關係會漸漸超出他們的控制，因此便行使權力。

我亦喜歡貝爾對哥林多前書七章的闡釋：夫妻二人的身體屬於對方，而不屬他們自己。對此我要說聲阿們，這意味著「婚姻的權利」更像是「婚姻的責任」——我們蒙召自主地把自己交給對方，對於對方的身體，我們不可主張自己的權利，就是要求有性生活的權利。真心的戀人放棄他們的權利，並捨己，為要取悅對方，從不苛求甚麼。至於在夫妻關係中誰有權說「可以」，貝爾回答了這個問題：他們倆對於對方的身體都有權柄。在保羅的時代，這樣的教導會衝擊當時的雙重性標準，就是妻子需要保持貞潔，但容許丈夫召妓。

貝爾對神聖的愛的闡釋也對我們很有幫助。神聖的愛是無條件的愛，不是只有當某人配得的時候才給予的愛。「神聖的愛的方式，使被愛的人顯得美麗。」[10] 正是這樣；這就是上帝的愛所彰顯的。「人們蒙愛，進入他們的未來」——他們未來最好的自己。[11] 貝爾告訴女性：「你不必用你的身體來得到你所需要的。不讓自己成為某種女性——有尊嚴和聲譽的女性——是一種逃避。」[12]

接著，貝爾談及有些婦女如何使用性來取得認同，贏得感情，以肯定他們的價值。「性變成了尋索，尋索一些他們缺少的東西；追尋無條件的擁抱。因此，他們從一段關係轉到另一段關係，尋找他們已經擁有的東西……可是，性不是用來尋索一些缺少的東西，性是用來表達有些事物被找到了。性的設計，是用來表達一個男人和一個女人在彼此身上找到的事物之滿溢和高峯……性是一種歡慶，慶祝發生在這對男女身上的富生命氣息的事情。」[13] 接著，貝爾增添了強而有力的一段，論到我們的價值從何而來。我們的價值源自我們照著上帝的形象受造，得到上帝無條件的愛。你的價值，不是來自你的身體、你的頭腦、你的工作、你生產或製造出來的東西。你的價值，不是基於你有沒有配偶、女朋友、男朋友，或者人們是否注意你，或你是否有名氣。你極大的價值來自你的創造主。

《性神》第七章「在彩棚下」(Under the Chuppah)所講述的，是要有足夠的意識將婚姻生活中的種種事情只限於兩者之間。在猶太婚禮中，**彩棚**(Chuppah；編按：《和合本》譯為「洞房」，參詩十九 5、珥二 16)是指篷蓋，只有新郎和新娘站在下面，再沒有其他人。因著他們的特殊關係，只有他們在這個篷蓋底下，蒙上帝看顧保守；在此段關係中，有些事情應該只屬他們與上帝之間，其他人不得參與。在本章，有些討論舊約的地方對我們很有幫助，當中上帝與祂子民的關係，被形容為好像丈夫與妻子的關係——事實上，夫妻關係在某種程度上仿照神人關係。何西阿書把上帝與祂子民的關係跟夫妻關係作類比，貝爾把這點發揮得很好。有趣的是，貝爾把十誡看作 *ketubah*，即婚約。接受十誡，即同意除了上帝這位配偶以外，不再愛其他對象，並同意這個承諾所自然引申的其他含義，就是其他規條所表述的。這個類比的問題，是婚姻的盟約和規條，跟國王與他的附庸國之間的盟約不一樣，而事實上，舊約中的盟約比較近似古代近東的條約，多於像婚約。

貝爾告訴我們，根據猶太婚姻法，一對夫婦要到他們有性行為才算結了婚。他談到那頂婚禮用過的篷蓋，會架在新婚夫婦的睡牀上；夫婦兩人在行房，客人則在外面等待(！)。然後夫婦出來舉行婚宴，慶祝他們已完婚。這個分析(只有部分正確)的問題是，婚約遠在婚禮舉行之前已經訂立，在夫婦未結合之前，合約一直都具有約束力。[14] 這就是為甚麼在馬太福音，約瑟想過要跟馬利亞「離婚」，即使當時他們仍未結合。可以說，訂立婚約便是婚姻的開始——它不是沒有法律效力的訂婚期——而夫婦二人的結合便是婚禮的完成。跟我們的處事方式不同，猶太婚禮需要花很長的一段時間，不是在小教堂裏只消二十分鐘便完事。

在《性神》第七章，我們發覺貝爾也對漸進啟示

（progressive revelation）有正確的識見。他談到根據猶太人的律法，一個男人若跟一個女人有性關係，便必須跟她結婚並照顧她。這種處理方法比古代近東的作風先進多了。在後者的處境，這名婦女會因她所行的永久受辱，她會直接被拋棄，那名男子對她也沒有甚麼責任。正如貝爾所言，猶太律法更看重性所帶來的結果——成為一體的結合，而非輕視它。接著在新約聖經中，我們邁進了一大步，因為男人受命要為妻子獻出自己的生命，並投身相互犧牲和順服的關係。[15]

婚姻關係的排他性是非常重要的。將自己全然獻給另一個人，是婚禮中扣人心弦的元素——是排他性使婚姻關係特別和濃烈。貝爾補充說，我們必須守護這一點，因為我們若與第三者發生性關係，我們便不再擁有婚姻關係的排他性，不再享有單單為丈夫和妻子所共享的事物。貝爾強調，當你在婚姻關係之外有性行為，就是貶低了性關係；剩下的只有例行公事，而不是愛。當性從上帝原定的處境中被抽出來，便失去了它的神祕和特殊本質，再不具想像空間。

一體的結合是甚麼意思呢？貝爾聚焦在希伯來文 *echad* 這詞，意思是「一」。這詞指的一，乃是由一個以上的成員所組成的合一（oneness），因此被用來指夫妻之間的一體結合；但這詞亦是示瑪（*Shema*，譯註：申六 4）中的「一」，所指涉的是神聖本質。從這點，貝爾推斷出上帝的合一是複雜的，由多種因素、部分、成員聯合而成。我同意這種分析。

於是我們終於得以窺見為甚麼這本書會題為「性神」，因為我們在性關係中所經歷的合一，指向超越性關係本身的合一，就是那存於上帝之內的合一。我們一體的結合，指向、暗示、象徵、預示了這種合一。貝爾認為婚姻是一幅關於合一的圖畫，我們所有人都尋求它，與另一位一起渴慕它。貝爾對那出自創世記的創造故事的短句（「當時夫妻二人赤身露體，並不羞恥」）的闡釋很有幫助——照對方的樣子完全接納對方，任何一方都沒絲毫尷尬，也沒有太強的自我意識。貝爾強調，只應跟那位願與你分享赤裸靈魂的人分享赤裸的身體。赤身露體的意思，就是把身體和靈魂的防禦逐層剝掉和拆毀，分享赤裸的身體和分享赤裸的靈魂，這兩者該和諧一致地進行。如果你只分享你的身體，但沒有分享你的靈魂，這就像是擁有、抓緊、分享酒袋，但沒分享裏面的酒。

《性神》最後一章題為「永恆的歡呼」（Whoopee Forever），為整個討論作結。貝爾指出在耶穌和保羅的教訓中，有些論述強調維持獨身的好處，還強調人類的婚姻只屬現世。婚姻確實是這個世界的制度，旨在給予我們屬地、現世、暫時的好處，但它不是永恆的東西。婚姻帶來盼望、合一、人類在世上的延續，但在來世，將不再有新的婚禮舉行。正如我已經提及，在某種意義上，在國度裏，我們像跟每一個人都結了婚，享受到的相交或契合將會異常廣大。

貝爾問道：「如果性關乎結連，當每一個人都跟其餘每一個人結連，將會發生甚麼事？」[16] 在終末時，當所有人在上帝的同在裏合一，會發生甚麼事？貝爾問，性和性的出神狂喜時刻，會不會就是描繪天堂或新創造的福樂的一幅畫像？雖則有些人把性，與那稱為「對上帝之榮福直觀」（beatific vision of God）的神祕超昇（ascent）作比較，貝爾卻把性，與我們對上帝的終末經驗（eschatological experience）作比較，就是我們在適當的時候會經驗到的。美好的性生活和婚姻，是天堂在地上的圖畫，這有點像耶穌在約翰福音十四章2至4節提到的，祂要為門徒預備的東西。此書的後記部分，以一則提醒作結，論到失敗的婚姻關係，但此後的寬恕和醫治仍是可能的——好一個現實的牧養註腳。

今天，就任何關於性與基督徒之關係的討論而言，這本書在許多方面都很重要。貝爾正確地從永恆的角度，從國度已臨和國度正臨的觀點，分析整個問題，這使我們不至於把性或婚姻變成偶像，或者輕視之，把性與婚姻世俗化，變成無關痛癢的小事。但還有甚多要說的話，就讓我們從保羅開始——保羅的言論似乎不可避免地成為許多論爭的焦點。

保羅是老古董嗎？

豪威爾博士（Dr. James Howell）是我的朋友兼同事，他最近討論到性與親密行為的話題時，如此說：

> 上帝肯定既尷尬又傷心。世界是美好的，創世記不遺餘力地澄清，性可能是上帝特別賜予人類最可貴的禮物——不僅是性行為，也包括我們的身體、我

們的身分。世界是美好的；上帝創造我們，沒有叫我們滿懷焦慮、罪咎、無盡的慾念。邪惡乃是美善變異了的結果，是美好的事物被扭曲了。

在創世記中，上帝給人類的第一個吩咐，就是叫他們「要生養眾多，遍滿地面」；故此，性絕非不屬靈的事，反而是極屬靈的事：肉體的親密行為，以及我們對身體的管理，乃是我們踐行信仰，並在真實的人世間跟隨基督的最原始方式。故此，我們不會感到意外，在聖經中，偶像崇拜——就是敬拜虛假的神明——幾乎總是帶有性的涵義。里諾（Russ Reno）解釋説，拜偶像的人與通姦者有許多共通之處，後者只要性的結合卻不要孩子。「拜偶像的人，就像一個嫖妓的男人，他要的是性歡愉，卻不想負任何責任，這正如拜偶像者想敬拜，卻又保留照自己的喜好過活的權力。」就像一個男人陷入一段不正當的關係，他會希望牽涉其中的女人保持緘默；同樣地，拜偶像者的神明若保持沉默，他一點也不會感到失望——因為聽到上帝説話，會帶來諸多不便。

創世記告訴我們，亞當和夏娃都赤身露體，但他們沒有因此感到羞恥，這相當美好。當然，經文提到他們沒有羞恥之感，乃是黯然的伏筆，預告有一天他們**將會**感到羞恥，就是當他們失卻了純

> 真之際，那時，他們也失去了喜樂、信心、對美善的感知。思考現代文化中「羞恥感之失落」(loss of shame)叫人感到新奇。青少年甚至兒童，在情感方面遠未準備好時，就要面對傳媒向他們披露的事件。波士曼(Neil Postman)在他那部出色的著作《消失的童年》(*The Disappearance of Childhood*)中，主張我們已失卻羞恥感，這是指好的羞恥感而言：「沒有一個健全的羞恥觀念，孩童時期(childhood)不可能存在。兒童需要受到護庇，不至接觸到成年人的祕密，特別是性方面的祕密。假如我們向兒童發放大量富刺激性的成人資訊，孩童時期便不復存在。成年(adulthood)的定義是奧祕得著解答，祕密得蒙揭曉的時期。假如從一開始兒童便已知道這些奧祕和祕密，除了其他人向他們所說的，我們還該怎樣跟他們談才好呢？」
>
> 創世記三章呼召我們享受性這份禮物的至高歡愉，但我們同時需要對美的感知，亦需要羞恥感，就是細心分辨美與純粹的肉慾之間的差異，負責和不負責任之間的區別。[17]

我認為豪威爾所說的這一切絕對正確。問題是當保羅這位法利賽人成為基督徒時，是否不知何故把他對上述主題所學到的一切，和創世記一至三章的真正意義，全都給忘記了或否定了？保羅是個老古董嗎？甚或苦修主義者？不幸地，這正是保羅——特別是哥林多前書七章——在基督教歷史裏常被解讀的方式，即使今天仍有人這樣解讀。我們需要相當詳細地重新審視哥林多前書七章，並釐清是否保羅本人，導致日後基督教的苦修主義，和種種對於性的不足見解。

哥林多前書七章的結構，可作如下細分：

1. 婚姻和夫婦之間的權利之普遍討論（1～7 節）
2. 對鰥夫和寡婦的建議（8～9 節）
3. 給已婚夫婦：關於分居和離婚的建議（10～11 節）
4. 給那些配偶為非基督徒的信徒的建議（12～16 節）
5. 說明（在基督裏）「維持本來的身分」之原則（17～24 節）[18]
6. 對那些考慮要訂婚，及已經訂婚者的建議（25～38 節）
7. 重申 8 至 11 節給婦女的建議和命令，並對婦女再婚的權利作補充評論 [19]

我們若要根據上文下理恰當地閱讀這整章經文，首先要提的——也許在某方面是最重要的事情——就是：在這裏，保羅正在回應哥林多信徒提出的問題，所以從保羅的答覆中分辨出他們的問題，是至關緊要的。在哥林多教會，同時存在持苦修傾向者和持放任態度者，保羅選擇不直接向他們發言，但在這篇講論的開頭，他的確引述了苦修者的意見。他的講論是這樣開始的：「論到你們信上所寫的事，你們說：

『男人不親近女人倒是好的』。」(《新漢語譯本》) **後面這句話不是保羅的觀點，而是引自某個寫信給保羅且持苦修立場的人**。而我們將會看見，保羅接著要說的話，跟此立場恰恰相反。保羅說，除了祈禱的時候，丈夫和妻子不該長期沒有性生活。我們熟悉的保羅的「讓步」(編按：參林前十七 6；《新漢語譯本》、《和合本》) 作「准」,《呂振中》作「讓步特許」)，不是「容讓」已婚夫婦有性生活。不！他讓步的是，為著祈禱，可以有一段時間沒有性生活。讓我們更仔細地思考這段經文。

首先，讓我們弄清楚，由於保羅現在是外邦人的使徒，他有很多工作要做，所以在單身和結婚之間，他選擇單身的狀態，因為這樣給他更多自由，去實現他生命中的呼召。他選擇單身，這個決定與苦修主義並沒有甚麼特別的關係。事實上，保羅有可能是一名鰥夫，或曾結過婚，因為那時的猶太男性在十幾歲便會結婚，而保羅過了這個年紀好久之後才皈依基督教。在往大馬士革的路上悔改之前，他曾有一段時間是個熱心的法利賽人。就我們所知，法利賽人不主張任何體能健全的人守獨身。帖撒羅尼迦前書四章 8 至 11 節及哥林多前書七章 14 節的內容，否定了下列主張：保羅天生是苦修者，又或保羅是個老古董，又或者保羅大概在性關係方面有問題。

上述引自哥林多的苦修者的話是「男人不親近女人倒是好的」，這裏的「親近」，在希臘文中肯定是委婉語，意指「跟……發生性關係」(見普魯塔克〔Plutarch〕:《龐培》〔*Pompey*〕2.3；亞里士多德(Aristotle):《政治學》〔*Politics*〕7.14.12；約瑟夫(Josephus):《猶太古史》〔*Jewish Antiquities*〕1.163)。當然，保羅會認同，在某些情況下發生的性行為不僅不合宜，而且不道德。但在異性戀的一夫一妻的關係中，保羅認為性行為是一件該定期進行的好事。

哥林多前書七章的論述中，確實有些非常值得我們注意的地方，其中之一就是，丈夫的身體只屬於妻子這觀念，反之亦然。在父權社會中，平常的說法都是妻子只能跟丈夫分享她的身體，但若把同樣的限制加諸丈夫身上，會使人感到吃驚。在哥林多，所有婚姻都是包辦婚姻，大多數由家長指定家中青少年兒女的結婚對象。這種婚姻首先是增加財產和鞏固地位的交易，而非憑愛配對。在這種情況下，希臘—羅馬的婚姻關係中，丈夫嫖妓或尋找「女伴」滿足他的性需要——尤其當家庭不再需要孩子的時候——往往被視為理所當然。很少羅馬人會想到要爭辯丈夫的身體只屬於妻子！此外，我們要緊記，保羅本人的終末論亦影響了他在這裏的言論，因為他接著敦促，就算已婚者，也要意會到他們的婚姻關係在某種意義上只是暫時的——鑑於終末處境的情勢，應該「彷似沒有」地活著。

哥林多前書七覆反覆出現的主題之一是性慾，而對應的建議是自制(2、5、9、36、37節)。與此前平常的做法相反，保羅在4、10、11、16、39節先向婦女發言，指出哥林多的某些基督徒婦女，特別關注性、訂婚、結婚、離婚、分居的問題。我主張，由於保羅在這裏乃是在解答問題，所以他集中討論性慾和自制，很可能是為了反映哥林多的問題，多於談論自己如何看待婚姻的目的。

事實上，歌羅西書三至四章及以弗所書五至六章的內容，有力地指出保羅擁有非常正面，和具有神學基礎的基督教婚姻觀。我們對哥林多前書七章的解讀，不應偏離保羅在其他地方論到這一主題和其他相關事宜的言論。即使我們只專注於哥林多前書七章說了甚麼，我們亦必須強調，保羅告訴基督徒婦女，她們不必因為害怕跟她們的配偶有性接觸，甚或與丈夫透過一般的接觸而沾染不潔，因此決定離開她們那些信奉異教的配偶。實際上保羅說的是，基督徒配偶會令那位非基督徒配偶「成聖」或「得潔淨」，而且從這樣的結合所生的後代是「聖潔的」。

這觀點清晰顯出：(1)保羅並沒有認為婚姻關係中的性行為會沾污人，即使此人的伴侶是一位異教徒；(2)恰恰相反，保羅相信基督徒配偶對非基督徒配偶有聖化的作用，這甚至反映在他們的性關係上。因此，保羅說的乃是，基督徒不必為「聖潔」的理由離開配偶，雖然保羅允許，如果那位異教徒配偶要離婚，便讓對方離開。這些經文描繪的圖畫，跟保羅是個苦修主義者或老古董的說法相距甚遠。事實上，保羅完全不是甚麼苦修者。他只是個有恩賜守獨身的男人，為了國度和忠於他的呼召，作傳福音給外邦人的先驅使徒。

仔細研讀哥林多前書七章，我們必定會得出一個比較重要的結論，關乎保羅對 *charisma*，即**恩賜**——恩典的禮物（grace gift）——這個術語的使用。保羅會說，在基督裏守獨身，或在主內結婚，都是從上帝而來的「恩典的禮物」。雖然對我們而言，這點聽起來相當習以為常，但實際上，主張獨身是一份神聖的禮物，是個激進的（radical）教導。這個觀念也會引發激進的後果，因為這意味著女人和男人，都不必再純粹以他們在現實家庭裏的角色，來思考他們的身分。對這類事情，他們有選擇的餘地。其實，這特別向婦女開了一道門，讓她們在福音的事工上，扮演非傳統的角色，這為我們帶來二世紀一些著名的故事，如《保羅和特格拉行傳》（*The Acts of Paul and Thecla*）中所述說的故事。在這部文獻中，保羅和一個名叫特格拉（Thecla）的女子在亞細亞傳道，宣講上帝的話。在古代以弗所的一個山洞中——當時的基督徒在那裏敬拜——有一幅壁畫，上面刻劃了保羅和特格拉，以銘記這事件。

在這裏我想強調，保羅事實上是在說，沒有上帝的加力和賜恩，一個人不可能合宜地獨身或合宜地結婚。在任何一種情況下，要合乎基督徒的樣式，都需要恩典。換言之，保羅也在暗示，有些人根本就不適合結婚；上帝並沒有給他們這份恩賜。可是，就保羅本人的情況而言，他說不管他從前身為法利賽人的生活是怎樣的，現在上帝賜恩給他，為了國度的緣故守獨身，這方面耶穌亦親自談論過，並且以自己的生命活現出來（太十九 10～12）。對所有人，保羅都強調這個世界的樣式已經漸漸逝去，因為基督事件（Christ event）已經發生，因此，對於基督徒而言，國度比生活中其他一切事情更重要。

在這裏，我們將會跟巴特奇（Scott Bartchy）的重要作品互動，這樣對我們會有很大的幫助，因為他糾正了路德及其接班人對哥林多前書七章 20 至 21 節的解讀，而且實際上一併糾正了基礎希臘文詞典（basic lexicons）上一直以來存在的錯誤！首先，哥林多前書七章 20 至 21 節的恰當翻譯如下：「你們各人（在基督裏）蒙召時是甚麼身分，就保留這身分。你蒙召時是奴隸嗎？不必為此擔憂。但如果你能成為自由人，就要盡一切努力（以一個自由的男人／自由的女人之身分）根據上帝的呼召而活」[20]（編按：經文由作者另譯）。首先，這裏的爭議在於該怎樣翻譯名詞 *klesis*，它源自動詞 *kaleo*，意思是呼召（to call）。問題來自路德堅持用德語 *Beruf*（職業／地位），而不是使用正確的德語 *Ruf*（呼召／召喚）來翻譯 *klesis*。雖然明顯有反對的聲音，但這個錯誤的翻譯首先被德語的希臘文詞典採納，從來更被 Bauer-Arndt-Gingrich-Danker 希臘文詞典的一些版本接受，儘管所有證據都指向相反方向。[21] 順帶一提，看來路德在這一點上——還有其他許多方面——受到了奧古斯丁（Augustine）的影響。是奧古斯丁首先認為，保羅在這段經文中證明奴隸制度是合理的。但奧古斯丁大錯特錯。

正如巴特奇清楚指出，對於哥林多前書七章，下列的結論是合理的：(1)保羅在哥林多前書七章，並沒有美化現存的父權專制現況。保羅明確拒絕一種觀念，就是基督的跟隨者與非信徒的婚姻不可解除；他又否定進入一段新的婚姻關係就是犯罪；他也不認為寡婦再婚是錯誤的想法(「只是要……在主裏面」；編按：林前七39)。如果一個奴隸有機會得著自由，他否定這奴隸仍該心甘情願地過奴隸的生活！事實上，對於奴隸，保羅是這樣說的：「如果你有機會得著法理上的自由，就去爭取——記住，你的身分來自你在基督裏的新地位。」(2)保羅寫這一章，為要回應從哥林多寄來的一封信，信中提出了與基督徒相關的性議題。巴特奇所說的這一切，都一語中的。保羅不是苦修主義者，也不是苦修主義者的門生。他不認為已婚男女之間的性關係在本質上有任何污褻之處。如果保羅有任何別的想法，那麼他可能認為性關係有機會使人成聖(sanctifying；編按：參林前七14)！從這一切觀察所得，我們不該再用哥林多前書七章，來支持一些次基督教觀點(sub-Christian views)，例如人類性慾的美善，或者在恰當的道德處境下，人類性關係的美善；又或者合理化那些不合保羅教導的「保羅觀」，彷彿他是個苦修主義者。哥林多前書七章沒有鼓勵任何人做苦修者。最後，(3)哥林多前書七章或整本新約，都沒有主張獨身比起結婚，在本質上是更聖潔的狀態；新約聖經也沒有主張，若牧者或神甫真的想成為聖潔，或蒙召事奉，**不管他們有沒有獨身恩賜**，都必須守獨身。

從國度觀看性關係的目的和限制

在我們這個性迷戀的文化中，很容易對性關係作出過多詮釋。一些能幹的基督徒輔導員和心理學家，對這個題目作過許多研究。本章此節的目的，不是要重複這些汗牛充棟的文獻對此主題說了些甚麼，而是要詢問和回答一個問題：我們該如何根據將臨的國度看性關係？

我們已經看到，國度裏將不再有嫁娶，亦可能不再有性交這回事，雖然至少有一位早期的猶太拉比說過：「復活之後，婦女每天都會生孩子」——完全以男性為中心的角度，來看國度的福樂！為甚麼在國度裏沒有性？原因並不是性有甚麼不潔，而是由於上帝設立性交，是為了實現幾個相關和特定的現世目的：（1）延續物種；（2）使丈夫和妻子在一體的結合中彼此相連；（3）為人類完成創造秩序的使命，並履行婚姻義務或權利時，增進樂趣和喜悅。

只消片刻思考便會明白，如果我們在國度裏擁有永久的復活身體，肯定不必再害怕朽壞。延續物種的目的，是要維持必朽的人類存活世上，因為人皆有一死。在國度裏，這個目的已不復存在。至於第二個目的呢？由於疾病、腐朽、死亡、苦難、罪惡、悲傷、離異、孤單、焦慮，將會在國度裏消失，所有平常阻礙人與人之間合一與相交的因素，都不復存在。人類與上帝之間的合一、人與人之間的合一，其深刻的程度甚至超越了性交，使性交不再必要。一種更強大的出神狂喜、歡樂、結連的源頭，將使我們常常喜樂——我們將活在上帝的臨在之中，祂就是愛，我們將永不再懷疑自己是蒙愛的，永不再感到沒有人愛自己，永不會覺得需要重新跟別人結連，因為我們將永不再感到自己跟別人是**分開**的。隨著維繫創造秩序之使命的過時，婚姻制度被拋諸腦後，我們的目標和純粹的喜樂，來自其他更神聖的源頭，因此性交的第三個目的，也將被更奇妙的事物取代。

當我們真正開始思想未來國度的生活，那時我們將會看到今世生活——這個流淚谷——的黯然失色。這有助我們了解，為甚麼保羅會說從今以後，基督徒應該「仿似沒有」地活著，與此生經歷到的屬地制度和屬世的好處和歡樂，保持一定的距離。重點是，今世的歡樂只是神聖榮耀的預嘗，是國度中更美好的生活的預示。這些都是屬地的制度，只為了我們屬地的好處而設，它們本身不是目的，也不是達至那些目的的手段。這裏的意思是說，結婚、性交、生兒育女都不是獲得救恩的方法，也非進入國度的門券。提摩太前書二章15節不應譯作「不過，女人……就必藉著生產而得救」! 保羅不相信因生小孩而稱義，即使對女人亦然。這一節應該被翻譯為「不過，女人……就必藉著**那次**生產而得救」(即馬利亞逆轉夏娃帶來的咒詛)，或勉強譯為：「不過，女人……就必在生產而過程中蒙保守得平安」(再一次，是指逆轉那加諸夏娃身上的生產詛咒和分娩的危險)。

這一切促使我們探討，新約對這世代人類的性的表達，設下了甚麼限制。在我們這個瘋狂縱慾，充滿性困惑的年代，又鑑於人類擁有自我合理化（self-justification）的無限潛能，各式各樣不合聖經的婚姻觀念都有人鼓吹，何謂美好的性關係也眾說紛紜，甚至連某些教會也認同這些說法。我們在本章已提及的內容，將有助我們了解一些聖經中給性的表達設下的神聖限制。

我們要提出的第一點是，由於延續物種乃是各種生物得到交配能力的原初理由——實際上是首要的理由，所以任何性關係，若本質上無法使人受孕，實際上在聖經中都不被認可；即使有些性關係可以生育下一代，亦遭到上帝的禁止（例如天使和人類的婦女之間的性關係，見創六 1～4）。顯然，上帝不希望祂在起初所定的創造秩序關係受到破壞，不論是跨越不同物種之間的界限（天使與人類之間、人類與動物之間），甚或是在一個特定的物種之內，進行一些永遠無助於延續該物種的性活動。

如果我們仔細審視創世記一至二章，以及後來耶穌在馬太福音十九章 1 至 12 節怎樣訴諸創造秩序來鞏固正當的婚姻，便會清楚明白，為甚麼同性的性關係在聖經中不被認可：（1）這種關係不能繁衍後代，因此沒法完成性交的首要功能；（2）在某方面，這種行為違反了創造秩序。上帝並沒有只創造男人或只創造女人；反之，創造故事提到，女人是特別為了男人亞當造的。我們不能否定這個神學觀點，聲稱上帝把某人造成另一個樣式，因此他們一出生便傾向同性戀。首先，我們沒有聖經根據，而遺傳學也沒有這方面的科學證據（例如「同性戀基因」）支持這種說法。這是個現代迷思。[22]

試想像，如果上帝真的把原始人類造成只會被同性吸引，並且拒絕跟異性發生性關係，這樣，這種生物在一代之內便會滅絕，遠在現代的基因工程或精子捐贈之類的事情出現之前。這樣失敗的出自上帝的創造計劃是令人費解的，如果上帝希望照祂形象受造的人類——有男有女——履行生養眾多、遍滿全地、治理這地的使命。事實上，正如新約所描述的，只有男人和女人能夠彼此結合，成為一體，而且這短語在新約中只用在男女的性關係上，因為**耶穌與保羅都不是單單談論性交；他們談論的那種相交，能夠帶來一種令二人成為一體的結合，一種能繁衍後代的奧妙合一**。他們談論的結合，只有在無條件地愛、無條件地信任的前提下，才能達至，直到死亡將夫婦分開。他們談論的結合，只有在異性戀的一夫一妻制度下，才能彼此分享。

要證明上述聲言，在新約隨處都可找到證據，不單是那些把同性性關係視為罪惡的章節（羅一；林前六 9 等），還有那些切實處理婚姻和獨身的經文。例如，耶穌在馬太福音十九章 1 至 12 節對這兩種狀態所說的話，是在駁斥法利賽人的離婚理據。祂清楚指出：「那起初造人的，是造男造女」（不是造出男和男，或女和女），「並且說：『因此，人要離開父母，與妻子連合，二人成為一體。』⋯⋯既然如此，夫妻不再是兩個人，乃是一體的了。所以，上帝配合的，人不可分開。」

在這裏，使男人和女人結合的那一位是上帝，這兒顯然指向創世記二章22至23節，在那裏，上帝擔任媒人的角色，把那位從男人的肋骨造出來的女人，帶到男人面前。耶穌的教導指出，不是任何形式的性關係或交合，都是「上帝配合的」；相反，上帝只配合了男人和女人。當然，結果是，有許多走入婚姻的人，包括許多異性戀者，他們的結合都沒有上帝的帶領或引導；但如果上帝並沒有配合他們，他們的結合在上帝眼中就不算婚姻。正因如此，在馬太福音五章和十九章才有例外條款（exception clauses；編按：指「若不是……」，參太五32，十九9）。例外的情況是 *porneia*，這詞在這裏及哥林多前書五章，還有別處，都可能指亂倫。耶穌乃是暗指當時一個滿城哄動的案例——希律安提帕（Herod Antipas）與他兄弟的妻子的亂倫事件。耶穌的表兄施洗約翰因為批評這段亂倫關係而丟了頭顱。耶穌說「不許離婚」，除非所進入的婚姻關係，一開始就是上帝不認可，規定不可行的婚姻。

當門徒明白到，上帝認可的婚姻關係「不許離婚」，他們的憤怒可想而知。他們說：「人和妻子既是這樣，倒不如不娶。」耶穌剛剛從男性手中，奪去了父權社會賦予他們專享的離婚特權，這令他們很惱火。然後，耶穌悄悄地告訴他們，如果他們不能忍受這樣的束縛，他們有另一個選擇——為國度的緣故守獨身，耶穌用閹人的隱喻來形容這個狀態，清楚指出這另一種情況**不包含任何性關係**，因為閹人不能進行性交。因此，耶穌首次提出了保羅後來重申的教導：基督徒有兩個選擇：一男一女之間的婚姻，或為了國度守獨身。惟有這兩個選擇，不僅尊重創造秩序——婚姻和治理全地的使命皆建基於此——亦尊重國度要達至的目的。在基督裏守獨身者，在某種意義上，預示了終末的日子，那時候，不再有嫁娶，也不再有性交。

在以賽亞書五十六章4至5節，我們聽見一個異常的終末應許，到那日，情況將會跟第一聖殿時期不同，閹人不會被禁止進入上帝的殿。他們可在那裏敬拜、得到祝福：「因為耶和華如此說：那些謹守我的安息日，揀選我所喜悅的事，持守我約的太監，我必使他們在我殿中，在我牆內，有記念，有名號，比有兒女的更美。我必賜他們永遠的名，不能剪除。」

為主守獨身的美善愈發增添，這是我們在耶穌身上、耶穌的事工中可看見的新事物，它是終末或國度世代的清晰記號，顯出在國度中，生命是甚麼模樣。哥林多前書七章以及保羅就**恩賜**作出的教導，只是進一步恢復終末的異象和應許；在一些像保羅那樣為宣教和事奉守獨身的人身上，這個異象已實現了一部分。鑑於這一切，難怪我們會看到提摩太前書三章要求事奉者限制他們的婚姻關係的數量為一段。由於這段經文經常被誤譯和誤解，因此我們會相當詳盡地分析這段經文。以下是全新的翻譯（編按：中譯出自《新漢語譯本》）：

> 所以監督必須無可指摘，只作一個婦人的丈夫，節制，自律，端正，樂意款待客旅，善於教導，不酗酒，不打人，倒是謙和的，不好鬥，不貪財，善於治理自己的家，使兒女順服，完全莊重——人如果不曉得治理自己的家，怎能照顧上帝的教會呢？——監督不能是剛信主的人，以免他自高自大，落入魔鬼所受的刑罰裏。監督還必須在教外有好名聲，以免遭人辱罵，落入魔鬼的網羅。
>
> 同樣，執事也必須莊重，不一口兩舌，不酗酒，不貪圖不義的收益，以清潔的良心持守信仰的奧祕。他們也要先接受考驗，若是無可指摘，才可讓他們擔任執事。同樣，他們的妻子也必須莊重，不惡意毀謗，節制，事事忠心。執事只應該作一個婦人的丈夫，善於管教兒女和治理自己的家。其實，人做好了執事的職分，就為自己取得美好的地位，並在基督耶穌裏的信仰上大有膽量。
>
> （提前三 1～13）

這段經文其中一個較有趣的地方，就是它主要關乎品格，形容哪類人能夠及應該做牧者，而非描述工作性質。這段經文值得我們在這裏詳盡解釋一下，因為關乎性慾和事奉的整個議題引發了嚴肅的討論，當中論到基於性方面的取態，誰能夠被按立為牧者，誰不能。這裏強調，當事人的品格必須無可指責，經文中的希臘文形容詞 *anepilempton*（無可指摘）後來也用在寡婦和提摩太身上（提前五 7，六 14），它指觀察得到且無可責備的行為，比較像是一個普遍的道德標題，涵蓋文中接著提及的美德。

一個婦人的丈夫（*mias gunaikos aner*）此短句，也出現在提多書一章 6 節，而在提摩太前書五章 9 節，則出現了相等的女性版本（譯註：一個男人的妻子），這句話的含義一直爭論不休。這是指一個男人一次只有一個女人（例如連續性的一夫一妻制〔serial monogamy〕）？還是指一個男人不奉行一夫多妻制，或不濫交，亦不是同性戀者？抑或指一個男人，他一生都忠於一個女人，因此只結過一次婚？此段經文是否把結婚定為做長老的條件？還是說，這段經文只是單純指出，在一夫一妻關係下的婚姻忠誠？

一夫多妻制或一妻多夫制不太可能是這裏討論的對象，因為在希羅世界，這兩者都不是常規的作風（某些東部的王室貴族例外）。這裏也不太可能在說一個人必須結婚才可做長老，因為這樣會令提摩太前書五章 9 節成為贅述（tautology）。再加上「一」（one）這詞處於希臘短語的強調位置（emphatic position），有力地否定了一個看法，就是經文強調需要一個已婚的男子，而非一個單身男士來當長老。這樣，我們大大縮窄了選擇範圍。

在一些出土的古代碑文中，人們發現有一些墓誌銘上提到婦女因為 *univira* 而得著稱讚，男子則因為 *monandros* 而得讚賞，這是指這些婦女和男人在他們的配偶去世後沒有再婚。這個發現被用來論證保羅在提摩太前書三章中所指的，是那些一生只結過一次婚的人（排除離婚後再婚，以及在配偶過世後再婚的人）。這種觀點的問題是，在哥林多前書七章，保羅說寡婦可以再嫁，只要是嫁給主內的人便可，雖然他更傾向寡婦保持單身，就如保羅自己為了國度的開展守獨身那樣。

再者，有一點常被忽視，就是墓誌銘上的 *univira* 雖然提到，一個婦女在某個文中提及的配偶去世後沒有再婚；但墓誌銘並沒有提及她從前有沒有結過婚，而且在當時的社會，在任何情況下再婚，都不會被視為犯罪，或為文化所不容。如果我們仔細研究這些墓誌銘，會發現上面所讚許的，是這個婦人對她的亡夫顯出一種非凡的委身；而在一個父權社會中，一個婦人在配偶離世後守獨身，會被人視為她的美德，但社會對男人卻沒有相同的期望。[23] 此外，我們關注的提及男人或婦人的希臘文短句，都沒有在這些提到 *univira* 的拉丁墓誌銘中出現過。較相關的是公元前二世紀的一首諷刺短詩，裏面有一句是「我很享受一個妻子的陪伴，她跟我終老」（*mies apelausa gynaikos*；Carphyllides, *Greek Anthology* 7.260）。當中所表達的觀念，是把自己的對象局限於一個女人，這為我們研讀的經文指出正確的方向。

就教牧書信而言，它本身有另一個問題，就是提摩太前書五章 14 節實際上鼓勵年輕的寡婦再婚，所以我們似乎不可把提摩太前書五章 9 節的短句理解為一生只結一次婚——除非教牧書信給長老們設立一套標準，為其他人另設一套標準（難道年輕寡婦是「只結一次婚」這個規矩的例外嗎？）。

就在這裏，我們注意到這段經文鄭重地強調，要在道德上無可指責。因此，我們正在研究的短句「一個婦人的丈夫」，更可能是在處理婚姻**內**的行為，即要在性方面忠於自己的妻子，不發展任何婚外的不忠關係。換句話說，希羅世界對已婚男女的雙重標準的性倫理已被剔除。這裏的教導與禁止一夫多妻制不同，一夫多妻制在希羅文化中已廣受譴責，但這處的教導對某些人來說，是一項新的限制。就著我們要探討的議題，經文強調的是，長老要控制他的性慾，而且經文假設一段合乎道德的婚姻，只涉及一男一女。

另外，5 節亦清楚指出這裏其中一項基本假設，就是如果一個人管不好自己的家，肯定不應把管理上帝的家戶（the household of God）的任務交託給他。這節經文告訴我們，長老管教出的兒女，該相信（或忠於？）上帝，而非奢侈和不服從；另一種翻譯是，不浪費或不任性。這個準則假設長老的兒女已是青少年或成年。

這個對長老的普遍描述，正是假設長老會結婚，正如這段經文也假設他們會有孩子，因為結婚生子是當時社會的常規，所以經文解釋，一位已婚和有孩子的監督該怎樣行事為人。他必須對他那一位妻子忠誠（「一」字處於句子中的強調位置），放棄其他一切對象。保羅沒有反對那些喪偶的寡婦或鰥夫再婚，這點在提摩太前書五章 14 節清晰可見。

對於監督的品格描述，經文強調有五項惡習要避免，並且除了要忠於自己的妻子之外，還有六項要培育的美德。在2節下提到，這人必須節制（同參提後四5）、自律、端正、樂意款待客旅（「對陌生人友善」；見羅十二13；彼前四9；《革利免一書》〔*1 Clement*〕1.2；《十二使徒遺訓》11～12；阿里斯提德〔Aristides〕：《辯護書》〔*Apology*〕15；埃皮克提圖：《論說集》1.28.23）、不酗酒（也許是響應利十8～9）。不管是這裏還是8節，抑或提摩太前書五章23節或提多書一章7節，都沒有要求教會領袖完全戒酒或絕對禁酒，正如提摩太前書五章23節已清楚說明這點，雖然該處所指的，是使用酒作醫療用途。

在這裏譴責貪婪，部分原因也許是這一直似乎是假教師的特點（提前六3～5；提後二22～26）。這裏的重點跟提多書一章不一樣，這裏強調的是監督有「恩賜/資質作教導」（亦見提後二24），而不是僅僅持守所學的教導（見提前五17）。這裏之所以如此強調，也許部分原因是，假教師在以弗所帶來的問題，比起在克里特島的情況更嚴重。

此外，監督不可好鬥（字面意義是不可是一名擊打者/施襲者），而要對人體貼關顧、謙和、不貪財。在保羅身處的世界，有一個常見的現象，就是人們（哲學家、教師、修辭學家）教導他人是為了賺錢，而貪婪的講者或教師經常受到醜化嘲弄（Philostratus, *Life of Apollonius of Tyana* 1.34; Dio Chrysostom, *Orations* 32.9, 11, 35.1; Lucian, *The Runaways* 14;

Philosophies for Sale 24）。當時的問題是，有些教師為了賺錢，可能會制訂一些只求迷惑聽眾，誘發他們空想的教材。也許，這個問題在那些非巡迴教師（nonitinerant teachers）身上，還不算那麼嚴重，因為他們有穩定的收入來源，例如受聘於貴族恩庇者做家庭教師。然而，保羅在這裏將「教導的恩賜」和「不貪財」並置，並非巧合。

4節強調的原則乃是，如果有些人不能「治理」好自己的家，就不應允許他們治理或監督上帝的家戶（同參提前五17）。監督的兒女必須以嚴肅或莊重的態度「聽命」或順服。請注意，這裏沒有提到要強迫他們服從；反之，經文乃是假設監督的家庭生活能鼓勵孩子順服，以至孩子自己希望順服。

從這段經文，我們亦得出這個觀念：信徒組成一個屬於上帝的家庭或家戶，要得到監督和指引。教牧書信經常用現實中的家庭或家戶，類比上帝的家戶，這是自然而然的，由於兩者有重疊之處，而他們的聚會通常在某人家中舉行。我們要留意，保羅不獨談論我們所謂的「教內」行為，或教會成員聚會時的行為，他指的是上帝家戶的成員所表現的行為。金口若望（John Chrysostom）曾這樣評論：「教會一直是個小家戶」（*Homily 10 on 1 Timothy*）。但教會不僅僅是一個家庭結構的縮影，這點可見於教會領袖所要符合的要求。此外，這處和五章3至16節清楚顯明，保羅並沒有取消家戶和上帝的家戶之間的分界線，因此兩者之間有微小的區別。

在6節我們聽到一個要求，監督不能是剛信主的人，或用原文音譯演變出的詞來說，不能是 neophyte（這詞的字面意思是「新近種植」；同參《七十士譯本》詩一二七 3，一四三 12；賽五 7；伯十四 9）。該詞肯定是指一位初信者，亦可能指剛受洗的人。我們還必須注意這裏和提多書一章的差別，後者指某些情況下，因為也許沒有別的選擇，惟有按立初信者作長老。但以弗所教會是一所較有規模的教會。

即使我們只是談論保羅建立的家庭教會，假若這封信的寫作日期是一世紀六十年代中期，那麼當時便一定已經有一些由保羅或他的同工建立的至少成立了十年之久的教會。這節經文想說的是，在領導階梯晉升得太快的人，可能會變得自高自大（*tuphousthai* 的字面意思是「煙霧彌漫」，在新約只見於提前六 4 和提後三 4），墮入魔鬼（魔鬼的字面意思是「誹謗者」；見提後二 26）所受的刑罰。這句話的意思，可以指落入魔鬼本身因為驕傲和傲慢所受的審判；又或者可以指墮入魔鬼向人帶來並宣告的刑罰；雖然聖經其他地方描繪魔鬼是誹謗者，是信徒的控告者（見伯一～二章），而非審判者。提摩太前書六章 4 節和提摩太後書二章 4 節都用自高自大來描述假教師，這不僅表明假教師的缺失，也表明某些假教師已經身處教會權位的「高層」，也許是長老，又或者是有志成為監督的人。如果真是這樣的話，保羅在這裏便是想防患於未然。

7 節指出，監督在教外必須有好名聲，好叫此人不會公然受辱，免得教會在有可能皈依基督的人眼中蒙羞，以至落入魔鬼的網羅，因魔鬼不斷努力要使教會在世人眼中顯得敗壞。此處的重點似乎是，魔鬼要令初信者墮入其圈套，勝算較高，所以基督教領袖該由經驗豐富的人擔任。有人推測，保羅在此處提到這一點，正是由於那些假教師實際上就是家庭教會的領袖，他們在信仰上或許相對稚嫩，而且落入了上述陷阱中，既傲慢又無知。也有人認為，或許經文亦反映了另一點，就是魔鬼其中一個主要的詭計或陷阱，就是要使教會在世人眼中失去名聲（見提後二 26）。

顯然，教牧書信關心基督教的公眾形象，尤其是那些最顯眼和最知名的成員——通常是地位崇高的基督徒——所反映的形象。但我們從這些書信看不到以弗所教會已經要應付從外界而來的迫害。信中提到的問題似乎完全出自內部，假教師和不成熟的基督徒是普遍問題。整體而言，這段經文看起來肯定不像我們在啟示錄二至三章所看到的，啟示錄寫於一世紀九十年代，也是寄給以弗所教會的；這段經文更不像我們從安提阿的伊格那丟的書信中所看見的情況。以弗所教會尚未成為攻擊目標，實際上，尚未成為異教徒眼中具威脅的對象；因此，教會那時仍能只關注作好的公共見證。教會盼望，藉此使更多人悔改歸主。

再一次，我們在 8 節碰到「同樣」這詞，因此我們意會到，執事亦要符合同類的品格要求，就像監督那樣。兩者之間的顯著區別如下：（1）監督的教導職責沒有在此處重複；（2）沒有提及樂意款待是執事的職責；（3）執事要受「考驗」。

當然，監督亦要受考驗，除非我們認為監督要透過職級晉升，即做監督之前，要先擔任執事的職分。

10節中的「考驗」，似乎是指一個人擔任某個職分要通過一段試用期，或者意指某人是老練或經驗豐富的基督徒。此外，執事要得到人的尊重，不可做雙面人，不可一口兩舌、含糊其辭。這裏暗指執事必須誠實、言行一致，特別要杜絕表裏不一。他們也不該喝太多酒，不該貪婪，並且必須憑清潔的良心持守「信仰的奧祕」。要注意，這九項執事該擁有的特質或美德，其中有六項直接對應監督的特質。值得注意的還有，此處沒有提到執事在監督的權柄之下。在這裏，保羅沒有要制定詳細的領導藍圖或權力架構，更談不上要使教會及其領導層制度化。

Mysterion 這個術語，是指某些曾一度暗晦不明、不為人知、隱祕不宣的事物，現在已經被揭示出來。其中一個可能的翻譯是，「被揭示的真理」(同參林前二1、7，四1；弗三3～9)。它似乎指向在基督裏並透過基督揭示的那賜給我們的救恩。這樣的話，執事不單必須以清潔的良心清楚了解和清晰肯定這信仰的核心，他也必須先通過考驗，才可擔任執事。考驗可以指小心審視一個人的生活表現，而不是一段任職的試用期。最重要的是要明辨當事人的品格是否無可指責。這段經文對於事奉的異象，跟我們在哥林多前書二至四章看到的頗為相似，特別是保羅在哥林多前書四章1節提到，他和其他同工都是上帝奧祕的管家。

11 節亦以「同樣」或「相類似」開始。這節經文附帶的評語到底是論及執事的妻子，還是女執事，存在許多爭論。兩者都有可能，但文法上這句話依附 2 節和「必須」這個動詞，情況就像 8 節也依附 2 節那樣，所以這裏應該是在繼續探討教會內的職能。但如果討論的是執事的妻子，就很難理解為甚麼保羅沒有同樣評論監督的妻子，而且實際上應該先作出那個評論才是。保羅在這裏不是要處理家規的問題，指正各家庭成員的角色，像他在歌羅西書三至四章和以弗所書五至六章所做的。他處理的是上帝家戶的領袖的問題，他已清楚說明這點。我們可以將這裏所說的，跟提摩太前書二章 11 至 15 節和提摩太後書三章 6 至 7 節提到行為有偏差的婦女作比較。我希望指出的是，保羅是正面地對比監督、執事、女執事，但他所用的是修辭上的對照法（*synkrisis*），或說拿監督、執事、女執事跟假教師和行為不檢點的婦女作對比，後兩者在此書信的其餘部分和提摩太後書討論過。

11 節的 *Gunaikas* 的字面意思是婦女，不是女執事；正如羅馬書十六章 1 節中，非比被稱為「執事」，因為當時的希臘文還未有相當於執事的女性名詞。皮里紐（Pliny）曾提及二世紀初，在他所處的區域有兩個基督教女執事（*ministrae* 或 deaconesses；*Epistles* 10.96），而這詞看似是一個術語。因此我認為它所指的可能是女執事，因為保羅在別處的確提及過這些人。仔細研讀這類經文，得出的結果是：（1）特定的性別不是在基督裏事奉的先決條件；（2）在基督裏的牧者的模式、典範、工作描述，並不取自舊約的祭司制度。

在那句附帶的評語之後，12 節回到男執事的話題，與前面對於監督的要求有重複之處。然而，13 節提供了一些新的內容——「人做好了執事的職分，就為自己取得美好的地位，並且在基督耶穌裏的信仰上大有膽量」。在新約中，*bathmos* 這詞只在這處出現，意思是根基、基礎，或樓梯、名望、地位。在此處，有可能是後者的意思。這裏所指的可能是一個人服事出色，在教會得到了較高的地位，並因此成為一個類似於待晉升為監督的候選人。或者，這句的意思可能只是某人的服事被認可，因此得到好聲望，並得以提高他們的榮譽聲望。這樣忠心服事的結果，是這人對信仰和基督更有信心或確據（見弗三 12，或者我們可以把這句總結理解為：一個人有權自由地講論信仰與基督，*parresia* 通常有放膽說話或暢所欲言之意；見門 8 節）。經文對教會領袖的要求清單在此結束，它並沒有告訴我們，這個信仰羣體的領導結構應該是甚麼模樣。

監督和執事之間的關係，經文隻字不提。此外，我們只能猜測每個崗位的工作範圍，因為我們擁有的，只是品格描述，而非職位描述。正如金口若望曾說：「聖保羅彷彿描繪了一幅王室肖像，並為原本的底稿配上不同色彩的美德，為監督的職分填上各樣特色，好叫每個渴求這種尊貴職分的人，根據底稿，按照那樣的嚴謹程度，處理自己的事務」（*Homily 2 on St. Ignatius and St. Babylas*）。我會強調「底稿」這詞。

我花了好些時間研究提摩太前書三章這段經文的細節，因為在某種意義上，這段經文總結了基督徒所有的特質，就是我們在本書各章，以及這個系列的其餘各書所討論過的基督徒特質。牧者要在其敬拜、工作、休息、理財、齊家、飲食、學習、教導各方面作好榜樣，當然，還要在品格方面作模範。提摩太前書三章或提多書一章惟一沒有直接或間接提到的特質，就是玩耍的重要性。

保羅假設領袖領導其他人時會以身作則，因為他也假設別人會追隨領袖的榜樣——不論領袖的榜樣是好是壞。正如喬叟（Geoffrey Chaucer）談論到神甫及其見證對信眾產生的影響時，他這樣說：「假如連黃金也生銹，鐵會怎樣？如果連我們信任的神甫也腐敗，那麼一個平民腐敗，又有甚麼值得奇怪的呢？」喬叟會對我們說的，以及保羅對我們說過的，就是：在這個充滿性困惑和性迷戀的年代，更要緊的是，牧者特別需要以切合聖經的方式，表達他們對性議題的看法——作「一個婦人的男人」或「一個男人的婦人」，或是為了國度的緣故保持獨身和貞潔。這些選擇，就是耶穌向祂最初的門徒所提出的，祂也這樣要求我們。

那又怎樣？

教會的使命，並不是要美化人類社會那些變幻無常的風俗，並稱之為美好。我們的使命乃是要在歷世歷代忠於福音，忠於上帝的話，不論我們在敬拜還是睡覺，工作還是休息，玩耍還是默想，吃喝還是學習如何去愛。在平常的基督徒生活中的所有平常活動，我們蒙召將觀點建基於基督——基督在我們身後、身前、身旁。我們在這個世代活出我們的人生時，必須留心察看那將要來臨的，讓國度的終末亮光，指引我們如何看待生命裏種種平常的活動，讓此亮光改變和轉化我們思想、踐行生活中一切平常活動的方式。保羅發出號角聲，呼喊我們記住終末的時鐘正在滴答作響，這個世界的樣式和其中的一切制度都將逝去。因此，我們必須泰然看待這一切事物，視它們不過是向我們預示、要我們預嘗將臨的美好事物。我們必須用「仿似沒有」的態度活著，不容純粹的手段化成目標本身。在基督裏，所有事物的價值都被相對化（relativized），不再分猶太人或外邦人，奴隸或自由人，男人或女人，因為全都在基督裏合而為一了（加三 28）。

這種超然的態度為我們營造空間，能視「最主要的事情為最主要的事情」——即我們在基督裏與上帝和祂的子民永遠合一和相交，從現在開始，直到永遠。要全然擁抱上帝，我們必須鬆開緊握的拳頭，寬容待人，不把人類變成偶像（即使是美國偶像〔American idols〕），也不將我們的工作、玩耍、休息、學習、飲食、性方面的表達，看作我們人生中最重要的事物。正如帕斯卡（Pascal）說過，在每個人的靈魂裏，都有一個上帝造的空隙存在，惟有上帝才能填補。而在那照著上帝形象所造的人裏面，有一種人性的需要，惟有上帝才能滿足。到那日，當我們面對面看見上帝，我們會擁有所需的一切，並且只會需要我們所擁有的——直到那日。

「那能保守你們不失腳、叫你們無瑕無疵、歡歡喜喜站在他榮耀之前的我們的救主——獨一的上帝」……要在基督耶穌裏保守你們的心懷意念。「但願賜平安的上帝，就是那憑永約之血、使羣羊的大牧人——我主耶穌從死裏復活的上帝，在各樣善事上成全你們，叫你們遵行他的旨意；又藉著耶穌基督在你們心裏行他所喜悅的事。願榮耀歸給他，直到永永遠遠。阿們！」[24]

6

關於基督徒的生活日常……

安息日……是指相聚，而不是分離；指持久，而不是短暫；指連續，而不是中斷；指在場，而不是缺席。

童思達（Sigve Tonstad）

說到這個系列幾乎每一本書都有的共通點，就是我們所處理的主題——很奇怪地——極少有詳盡的、從聖經觀點出發的神學或倫理討論。哦，不錯，有大量關於守安息日的辯論，但卻幾乎沒有討論到一般的休息及其對基督徒生活的重要性。我們已經注意到，我們缺乏種種對玩耍神學或玩耍倫理的探討，奇怪的是，我們也欠缺對學習這個主題的討論。但是聖經一再勸勉信徒要學習。不論是神學家還是倫理學家，都沒有怎麼從聖經觀點出發討論食物和飲食的問題——雖然我們知道聖經中有很多關於食物的內容，甚至是上帝或耶穌透過神蹟賜食物給人的記載。就連我們討論到性這個主題時，我們的探討往往深受心理學影響，或是很世俗化，又或者從輔導的角度進行討論，幾乎沒有人認真關注怎樣從終末的角度或國度觀探討這個題目。因此我們嘗試從這個向度，討論這種種不同的主題。

論到基督徒的日常生活，包括工作和休息、敬拜和學習、玩耍和飲食、性和關係建立，我們應該思想怎樣使這一切各得其所，保持平衡。例如，徒有均衡的飲食，但花在休息、玩耍、學習、性生活的時間卻不平衡，對我們便無益。我不是主張「萬事適可而止」，雖然我認為這是句相當不錯的座右銘——如果我們討論的僅僅關乎飲食、休息、工作、學習、性生活；可是，實際上問題乃是，我們絕大多數人需要增加某幾項活動，但減少餘下幾樣。在多數情況，我們要少吃一點，多睡點覺。我們肯定要多敬拜和多參與團契生活，我們也可能要縮短工作時間，花更多時間與家人和教會的朋友相處。要兼顧生活的各方面，使一切得心應手，確是一件難事。

我們要談談那種強調「四季人生」（seasons of life）的取向。例如，我人生中打籃球或跑馬拉松的階段已經過去，今天這些活動於我的腳踝和膝蓋是太沉重的負擔。所以取而代之，我每週緩步跑並步行九個高爾夫球洞的距離，再以手推式割草機修剪我的草坪，也是每星期一次。這些就是我這年近六十的軀體現在所能承受的所有運動。正如羅傑斯（Kenny Rogers）所言：「你必須知道甚麼時候要堅持，甚麼時候要結束，甚麼時候要暫停……。」你大概會明白我的意思。當問題涉及飲食和運動，你需要聆聽你的身體發出的信息，並理智地回應，尤其是如果你有家庭，或你是別人的經濟支柱。

但是，我並不建議我們把人生規劃得一無所缺，卻沒有為上帝的國做甚麼要緊的事，一無所用。我不認同成為工作狂，但我亦不認為退休是合乎聖經的概念。一個人可以從份世俗的職務退下，但那正是時候以各種方式做更多義務工作，可以在救世軍或教會，也可以在社區附近。正如衛斯理常說的，你現在有時間多做些敬虔和慈惠的工作了。就當這些是你的新召命。

當然，生命亦有生兒育女的階段，撫養他們，送他們上學，然後再適應空巢的生活。當一個人年事漸長，便必須適應身體的種種變化，也要適應伴侶身體上的變化。有時，這意味著較少性生活，有時甚至意味著再沒有性生活。但這並非意味著夫婦不能再有愛和親密的關係。性愛不是真愛和親密關係最重要的部分——雖然你永不會從所有威而鋼（Viagra）的廣告得知這一點。從國度觀來看，我們知道即使是性，總有一天也會逝去。對某些人，這來得比別人稍早一些，你猜會怎樣？這並非世界末日！事實上，正因為這個世界正趨向一個美好的終局，那時我們將不需要很多在這個短暫的世代我們所需要的東西。然而，此時此地，為要維持正常的生活，我們的確需要工作和謀生，我們確實需要性和後代，我們需要休息、學習、玩耍、吃喝。

但那天即將來臨，那時我們不再需要一切維持此世生活的必需品。正因如此，保羅針對這個世代的生活所需，說我們要以一種抽離的態度生活，就是活著「仿似沒有」，因為這世界的樣式和制度，快要廢棄了。假如我們面對此世的事物，學會了處之泰然的祕訣，我們就不會因為失業、喪偶，或失去某些身體機能，導致我們的精神和情感世界崩潰。史提芬斯（Cat Stevens）的《月影》（*Moonshadow*）中有句這樣的歌詞：「如果我失去了我的手，失去了我的力量，失去了我的土地……哦，我將不必再工作。」

但有一件事我們一定不可放棄，這件我們必須視之為最重要的事情，不是工作、休息、玩耍、性關係、飲食、學習，而是我們的敬拜和我們與主的關係。愛永不放棄，永不止息，特別是我們與上帝之間的愛的關係，永不止息。一切其他事物的美善都是相對的，來去匆匆，惟有教會與她的新郎之間的關係，將持繼到永遠。如果我們對人生抱此國度觀，一切都將變得美好，各式各樣的事物都將變得美好——即使從人的角度來看，都不怎麼美好。

有時候，我們身為基督徒會犯的一個錯誤，就是把一些沒上帝那麼重要的事物，視為我們的終極關懷對象——無論這是配偶，還是子女、工作，甚或其他事物。當我們這樣做，到我們的終極關懷對象離開，或死亡，或長大，我們便會發覺自己的人生沒有意義和目的。無論我們意識到這點沒有，這樣做其實是一種不易察覺的偶像崇拜，即讓沒上帝那麼重要的事物，在我們的生命中成為上帝，或是成為我們的終極關懷對象。我期望透過這系列的書籍，我們能獲得正確的觀點，認識我們生命中真正的呼召是甚麼——要愛上帝，並享受祂，直到永遠——如此，我們便會以國度的眼光，觀看人生其餘所有面向，就是我們日復一日面對的情境。

論到工作、休息、玩耍、學習、飲食、性關係，我們也需要為人生的不同階段制定計劃。我們要有能力在途中作出修正。人生全關乎調節適應。正當你以為自己進入了佳境，你會發現自己其實墨守成規，是時候改變了。在這個暫時的現世時空之中，只有變化才是永恆。而同時，惟有主是這個幻變世界中不變的定點，這就是為甚麼我們該定睛注目在祂身上，勝過其他一切所有。那首讚美詩的歌詞是怎樣說的？

「當轉眼仰望耶穌，定睛在祂奇妙慈容，在救主榮耀恩典大光中，世俗事必要顯為虛空。」

換句話說，當我們根據國度的亮光和基督的亮光來看待事物，我們會看見事物的本相——只是暫時的福氣和機會。工作、休息、玩耍、學習、飲食、性，都是暫時的福氣和機會。只要我們不錯失目標，不致把這些事物當作終極關懷對象，我們就可以照它們的本相來享受它們——它們是上帝為了我們現世的好處而賜給我們的事物，好叫我們此生為上帝所用，能服事祂和其他人。

然而，對於這一切探索，我們必須進一步思考：當面對所有其他因素，「平常」的靈命塑造（"normal" spiritual formation）該是甚麼模樣。我們該怎樣完成這一切，好叫上帝得榮耀，又能建立自己和他人？在本系列的最後一本書，我會處理的主題是：對於基督徒，一個可供所有人採用、理由充分、合命合理的靈命塑造方針，該是甚麼模樣？還記得傳道書這段為人熟知的經文嗎？

> 凡事都有定期，
> 天下萬務都有定時。
> 生有時，死有時；
> 栽種有時，拔出所栽種的也有時；
> 殺戮有時，醫治有時；
> 拆毀有時，建造有時；

哭有時，笑有時；
哀慟有時，跳舞有時；
拋擲石頭有時，堆聚石頭有時；
懷抱有時，不懷抱有時；
尋找有時，失落有時；
保守有時，捨棄有時；
撕裂有時，縫補有時；
靜默有時，言語有時；
喜愛有時，恨惡有時；
爭戰有時，和好有時。

在結束之際，我必須對這首詩提出一點異議。我們實在沒有哪個時候要憎恨其他人。例如，我們任何時候都不該支持種族主義，也不該支持虐待兒童或色情產業。如果你是基督徒，你在任何時候都不該支持恐怖主義或謀殺。我們任何時候都不該支持姦淫或誹謗。人生中那麼多邪惡的事情和罪惡實在不該發生，可是它們卻發生了。日光之下發生的事，並非每一件都應該發生。可是，廣義而言，傳道書的作者是正確的。要正確、持平地看待事物，則首先必須對時間和時機有所認知，以及強烈意識到甚麼是永恆的，甚麼不是。

然而，有些生活方式的確會減少我們靈命得以轉化的機會，妨礙我們向上帝開放自己，不讓祂在我們生命中行新事，也使我們不接受改變。或多或少，我們都是受習慣影響的生物，有時候我們會傾向因循苟且，為要令自己感到生命有條理，一切都很好。這樣帶給我們一種安全感。但事實上，我們的信心、信任、安穩，該建基於主，而不是那些例行公事——這是我們試圖使人生不致陷入困境，控制自己生命的辦法。當我們試圖透過例行公事來控制自己的生命，我們會錯失上帝向我們呈現的種種機會。

註釋

導言

1. 由 Brazos 在二○一○年出版，此系列的其餘著作由 Eerdmans 出版。

第 1 章

1. S. Tonstad, *The Lost Meaning of the Seventh Day* (Berrien Springs, MI: Andrews University Press, 2009), p. xi. 在本章，括號內的頁數是指該書的頁數。
2. 請特別參考 *Work: A Kingdom Perspective on Labor*（《工作：從束縛到自由》）和 *We Have Seen His Glory: A Kingdom Perspective on Worship*（英文版由 Eerdmans 分別於二○一一年及二○一○年出版）。
3. Patrologia graeca 23:1172.
4. Downers Grove, IL: InterVarsity, 2010.
5. F. F. Bruce, *Hebrews* (Grand Rapids: Eerdmans, 1990),

pp. 106 ～ 108.

6. 出自他在哥登—康威神學院（Gordon-Conwell Seminary）發表的關於希伯來書的演講。
7. Jürgen Moltmann, *Theology of Play* (New York: Harper & Row, 1972), p.34.

第 2 章

1. *Work: A Kingdom Perspective on Labor* (Grand Rapids: Eerdmans, 2011), pp. 145 ～ 154. 編按：中文版本為《工作：從束縛到自由》（香港：基道，2017），頁 163 ～ 174。
2. Jürgen Moltmann, *A Theology of Play* (New York: Harper & Row, 1972), p. 3.
3. 來自 ESPN 記者海斯（Graham Hays）的報導。筆者在二○一一年六月六日在 ESPN 網站上找到這篇報導，但這個故事的實際報導日期是二○○八年四月二十八日。
4. Moltmann, *A Theology of Play*, p. 18.
5. R. K. Johnston, *The Christian at Play* (Eugene, OR: Wipf & Stock, 1997), pp. 48 ～ 49.
6. Johnston, *The Christian at Play*, p. 34.
7. J. Huizinga, *Homo Ludens: A Study of the Play Element in Culture* (Boston: Beacon Press, 1955), p. 7.
8. Johnston, *The Christian at Play*, p. 44. 他在這裏主張，一名職業球員如果不是為了金錢和名譽而比賽，只是簡單為著「喜愛這種遊戲」，那麼我們可以說這名職業球員在玩耍。我相信一定有這種職業球員存在，但我極少遇見。

9. 見 Johnston, *The Christian at Play*, p. 45。
10. Johnston, *The Christian at Play*, p. 48.
11. Johnston, *The Christian at Play*, p. 52.
12. 很不幸，金恩（Sam Keen）的著作 *To a Dancing God* (New York: Harper & Row, 1970) 似乎最終就是得出這樣的結論。
13. Moltmann, *A Theology of Play*, pp. 50 ～ 52.
14. Peter Berger, *A Rumor of Angels* (Garden City, NY: Doubleday, 1970), pp. 64 ～ 70.
15. 初版年份是一九五五年（出版資料是 New York: Harcourt, Brace & World）。

第 3 章

1. 關於這點，參筆者的 *Conflict and Community in Corinth: A Socio-Rhetorical Commentary on 1 and 2 Corinthians* (Grand Rapids: Eerdmans, 1996)。
2. 瀏覽這篇文章的日期是二○一一年六月二十五日。
3. 摘自科普蘭的網站 http://www. executableoutlines.com 上的「可執行大綱」（Executable Outlines），瀏覽文章的日期是二○一一年六月二十五日。
4. 由 InterVarsity 於一九七七年出版。在二○○五年，該書的修訂和更新版本由 Thomas Nelson 發行。

5. 見筆者的 *Jesus and Money: A Guide for Times of Financial Crisis* (Grand Rapids: Baker, 2010)。編按：中文版為《聖經中的財富觀》（香港：基道，2016）。

第 4 章

1. 更多相關的詳盡討論，參我另一本書 *Letters and Homilies for Jewish Christians: A Socio-Rhetorical Commentary on Hebrews, James and Jude* (Downers Grove, IL: InterVarsity, 2008)。
2. H. Attridge, *Hebrews* (Philadelphia: Fortress Press, 1989), p. 215.
3. 二〇〇八年五月，威爾遜在以弗所的一個會議中發表演說，他在當中談及這兩段新約經文的口述特性。

第 5 章

1. Rob Bell, *Sex God: Exploring the Endless Connections Between Sexuality and Spirituality* (Grand Rapids: Zondervan, 2007), p. 24.
2. Bell, *Sex God*, p. 40.
3. Bell, *Sex God*, p. 54.
4. Bell, *Sex God*, p. 75.
5. Bell, *Sex God*, p. 98.
6. Bell, *Sex God*, p. 98.

7. Bell, *Sex God*, p.109.
8. Bell, *Sex God*, p.117.
9. Bell, *Sex God*, p. 119.
10. Bell, *Sex God*, p. 120.
11. Bell, *Sex God*, p. 121.
12. Bell, *Sex God*, p. 122.
13. Bell, *Sex God*, p. 123.
14. Bell, *Sex God*, pp. 134 ~ 135.
15. Bell, *Sex God*, pp. 136 ~ 137.
16. Bell, *Sex God*, pp. 167.
17. 節錄自豪威爾上載於博客的一篇文章，文章的對象是北卡羅萊納州夏洛特市（Charlotte）的邁爾斯公園區聯合衛理公會（Myers Park UMC）的會眾。文章的發佈日期和瀏覽日期是二〇一一年六月二十六日。
18. 感謝巴特奇（Scott Bartchy）敦促我要強調，保羅在這裏說的乃是：我們全都應該在基督裏維持我們本來的身分——不管我們的環境出現了甚麼變化。換句話說，這完全不主張「留在你的崗位或社會階層」。
19. 更詳盡的相關討論參筆者的 *Conflict and Community in Corinth: A Socio-Rhetorical Commentary on 1 and 2 Corinthians* (Grand Rapids: Eerdmans, 1995), pp. 173 ~ 185。
20. 巴特奇很友善，送我一份近期的論文，當中他強而有力地論證了他的立場。論文的標題為"Paul Did Not

Teach 'stay in slavery': The Mistranslation of *klesis* in 1 Cor. 7:20～21"，發表於二○○八年的國際 SBL 會議。

21. 關於最新的英語版 BAGD 之修訂，鄧卡（Frederick Danker）功不可沒。

22. 關於這整個議題，可參考 R. Gagnon, *The Bible and Homosexual Practice* (Nashville: Abingdon, 2002)。

23. 見下列討論：C. W. Emmet, "The Husband of One Wife," *Expository Times* 19 (1907～1908): 39～40; J. B. Frey, "La signification des termes *monandros et univira*," *Recherche de science religieuse* 20 (1930): 48～60; M. Lightman and W. Zeisel, "Univira: An Example of Continuity and Change in Roman Society," *Church History* 46 (1977): 19～32; S. Page, "Marital Expectation of Church Leaders in the Pastoral Epistles," *Journal for the Study of the New Testament* 50 (1993): 105～120。

24. 這裏結合了猶大書的榮讚頌和希伯來書結尾的祝福。